# 这样学习才高效

杨慧琴 | 著

 浙江教育出版社·杭州

## 图书在版编目（CIP）数据

这样学习才高效 / 杨慧琴著. -- 杭州：浙江教育出版社, 2023.3
　　ISBN 978-7-5722-5183-2

Ⅰ. ①这… Ⅱ. ①杨… Ⅲ. ①学习方法－少儿读物 Ⅳ. ①G442-49

中国国家版本馆CIP数据核字(2023)第012902号

| 责任编辑：赵露丹 | 美术编辑：韩　波 |
| --- | --- |
| 责任校对：马立改 | 责任印务：时小娟 |
| 特约策划：潘明月 | 特约编辑：李楚姿 |
| 装帧设计：VIOLET | |

## 这样学习才高效
ZHEYANG XUEXI CAI GAOXIAO

杨慧琴　著

出版发行：浙江教育出版社
　　　　　（杭州市天目山路40号 电话：0571- 85170300- 80928）
印　　刷：三河市中晟雅豪印务有限公司
开　　本：700mm × 980mm　1/16
成品尺寸：166mm × 235mm
印　　张：16.125
字　　数：154800
版　　次：2023年3月第1版
印　　次：2023年3月第1次印刷
标准书号：ISBN 978-7-5722-5183-2
定　　价：59.00元

如发现印装质量问题，影响阅读，请与本社市场营销部联系调换。
电话：0571- 88909719

# 作者序

翻开这本书的你,一定是个努力上进,希望通过提升自己的学习力实现更多美好人生愿望的人。

恭喜你!秉此初心,未来可期!

我希望这本书能给你一些学习道路上的启发和信心,让你避开一些我曾走错的路、跌过的坑。

我是四川凉山的彝族人,我的家乡虽然贫苦,但民风淳朴,群山环绕,风景秀丽。儿时对外面世界的认知都来自家里那小小的一方电视。走出大山的愿望支撑着我,从学习成绩马马虎虎,班级排名倒数,努力改变为每天早上5点起床,中考考了全县第一。

那时候,凉山州十七个县市,每隔两三年就能有一个学生考上清华或北大。于是,我怀揣着考入清北的目标继续奋斗了三年,未承想因压力过大，最后高考失利了，成绩比模拟考试少了将近40分。但是我仍然很感谢高考给了我一次公平的竞争机会，也让我第一次能够自主选择心仪的学校。"走出大山"这简单的四个字，我写了整整17年。

高考结束后，很多人替我惋惜，劝我复读，亲戚朋友都告诉我，女孩子不要离家太远。听完之后，我还是填报了离家最远的北京，也终于看到了电视里的世界。

"走自己的路，听内心的选择"，这句话一直流淌在我的血液里。在北京交通大学就读的四年里，我经历了县城女孩的自卑和初入大城市的惶恐。我一度对自己的家境、能力以及未来产生了深深的怀疑，后来我调整了自己的心态和学习方法，重新拟订大学的学习计划和目标，终于在四年后以专业第一的成绩被保送到北大光华管理学院攻读博士学位，并申请到了哥伦比亚大学商学院学习的资格。

这是一个通过学习改变命运的真实故事，没有花钱，也没有请辅导老师，更没有动用背景资源，用的就是书里和大家分享的方法，加上最笨拙的实践。

我不会说整个学习的过程多难、多苦，以此来吓退你。相反，因为起点低，每次往前走一步都会让我觉得无比欣喜。如果你和我曾经的经历类似，那怕什么？撒开腿往前跑就好，下雨没有伞的孩子，不是更应该跑快些？

我常常思考：为什么智力、能力水平甚至成长环境都类似的人，人生道路及成就会千差万别？

最常听到的说法是，人与人最大的差别在于思维模式。同一件事情，有人能抓住事物的核心，打蛇打七寸，有人却永远抓不住事物的关键。我觉得不尽然，除了思维模式外，还有很重要的一点，就是行动力。它们就像自行车的前后轮，少了任何一个，你都无法在人生路上稳定快速地前行。

现在这个时代，聪明的人太多了，面对一件事，大家会想很多，想得很复杂，但是愿意踏实去做的人反而寥寥无几。越是聪明的人，越容易忘记给"行动力"这个后轮打气。很多看上去比你优秀的人，只是在你看不见的地方比你多失败了几次又站起来了而已。

其实学习也是一样。例如，早晨洗漱时听英语这件事情我坚持了快10年，我的英语听力和口语都是在每天的这20分钟练出来的。我将这个方法推荐给很多想要提高英语成绩的人，能坚持下来的人，不过寥寥。

知行若不能合一，不若不知。如果要实现思维和行动力的统一，有一个因素可以成为连接二者的纽带，那就是习惯。如果把自己觉得对的事情，该做的事情变成自己的习惯，思维和行动就不会互相牵制，反而因为习惯这个链条能跑得更快，不光启动更简单，坚持也会更容易。颓废、懒惰、内耗、拖延、自卑以及很多当代青年的新问题，归根结底其实就是没有养成良好的习惯。我一直觉得将正确的学习方法或工作流程养成习惯，很多问题就会迎刃而解。

  相信我，学习真的不难也不苦。相反，它是你打开未来人生路很重要的敲门砖。好的方法因人而异，但是若不实践，一切都是空谈，希望你能坚持用好书中的方法，让学习变成一种享受。

杨慧琴

2022 年 6 月 13 日于杭州

# 目 录

## 01 第一章 拆解学习黑箱：找到学习关键点

影响学习效果的关键环节　/002

关键学习环节精准发力　/004

强化学习效果，开始进步　/011

讨厌学习该如怎么办　/016

学习过程自测，我为什么学不好　/018

学习风格自测，选择比努力重要　/021

## 02 第二章 向上管理：老师同学都来助我学习

巧妙"管理"你的老师　/030

7个沟通技巧让老师喜欢你　/036

拒绝内卷，友谊学业双丰收　/043

"别人家的孩子"是只纸老虎　/049

## 03 第三章 培养学习自驱力，学到不想停

如何找到学习动力　/054

如何规划你的未来　/065

打造对抗颓废状态的学习环境场　/077

改变书桌让学习效率加倍　/083

## 04 第四章 让学习过程轻而易举

如何设计和优化学习思维　/092

我的学习思维模式——"闭环脚手架"　/097

极简预习法，好用易坚持　/103

22个高效课堂学习技巧　/107

黄金262法则，用好课间10分钟　/114

作业15招，写得多不如写得巧　/117

双轮复习法，攻克得分关键　/124

## 05 第五章 学习效率提高技巧

内化知识点，解锁高效笔记　/134

6个方法打造强效记忆通路　/144

优质图书如何选（教辅/自我提升）　/153

备考与应试经验技巧总结　/160

## 06

### 第六章 意志力铁三角，原来我可以这么自律

6 个专注力训练技巧　　/171

7 个自控力训练方式　　/180

3 种思维提升自信　　/190

## 07

### 第七章 终生学习，勇攀高峰

大学成绩、社团、人际关系的真相　　/198

脱颖而出必须锻炼的 6 种能力　　/215

再冲刺，名校保研技巧总结　　/225

人脉经验，如何常遇人生导师　　/234

不自卑，成为一个遇强越强的人　　/239

第一章

**拆解学习黑箱：**

找到学习关键点

## 影响学习效果的关键环节

我相信，凡是翻开这本书的，大多都是对自己的学习能力或产出的学习成果有疑问、有要求，想进步的人。首先，请你问自己一个问题：同一个老师教出的学生，为什么有的成绩好，有的成绩差？

如果把学习看作一个过程，那么，老师对知识的传授为输入，学习效果为输出。同一个班级，在外部资源与知识输入体系相近的情况下，为什么不同学生的学习效果参差不齐？

这是因为，在输入和输出之间存在**学习效果转化黑箱**，"你"就是中间这个黑箱。

生理上说，黑箱的组成元件就是大脑和四肢；抽象来说，黑箱就是你的思维方式和行动方式，继续拆分就是逻辑思维能力、学习习惯、毅力和执行力等不同因素的组合。

学习黑箱虽然抽象且机制复杂，但是仍然有简化认知它的办法。

学习黑箱

如何调整学习黑箱结构，让输入和输出成正比，甚至进一步放大学习效果，提升考试成绩呢？我们需要巧妙地在黑箱里加一个杠杆，产生"输入1输出N"的效果，这就是本书要讲的内容。

但是在开始之前，你需要认识并拆解学习黑箱的结构，再结合书里提到的方法，换掉破败的零件，扫清灰尘，重构自己的学习黑箱。

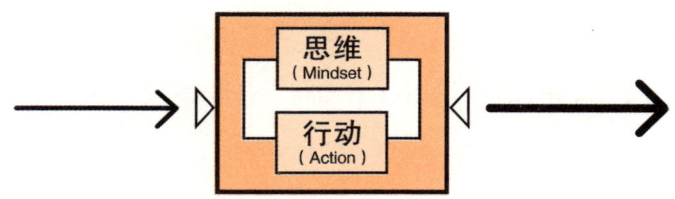

**从思维和行动两方面重构学习黑箱**

简单来说，你需要 x 从思维和行动两个方面调整或重构，按照书里的核心框架对自己的学习过程进行分析和调整。

003

## 关键学习环节精准发力

### 人生成功公式

在 13 岁之前,我是个不折不扣的不会学习的孩子。因为没有正确的学习方法,所以哪怕每天凌晨 5 点起床学习也毫无进步。这个情况的改善得益于我偶然间读到的一个故事。故事的主角在小学阶段是"孩子王",成绩乙等,在 12 岁时因染上肺结核差点殒命;第一次报考初中落榜,第二次挑战也失败;大学没能进入理想的学校,只读了本地的大学;就业屡屡碰壁,终于找到了工作后,公司却濒临破产。这个看似和我一样失败的人,最后却白手起家打造了两大世界 500 强企业,成为传奇企业家和哲学家。他就是被誉为日本"经营之圣"的稻盛和夫。

我一直都很喜欢读名人传记,尤其读到他们和我有相似的不如意的过往,并最终通过自己的努力渡过难关的历程时,总能让我对自己的未来多一些期许。

在读《稻盛和夫自传》的时候，书中的观点极大地鼓舞了因失败的学习成绩而情绪低落的我，他说自己从求学屡屡失败到成为成功的企业家，源于自己不管环境怎么变化，都竭尽全力地学习和工作，也就是日日夜夜持续地"付出不亚于任何人的努力"。他的故事让我明白，只要拥有正确的方向以及持续一生的努力，成功只是早晚的事情。

放眼当下，稀缺的资源、密集的人口和风驰电掣的生活节奏把"年少有为"捧上了神坛。每当"几岁某某直博清北""几岁某某创业融资过亿"等话题冲上热搜，总有很多年轻人感慨"人类进化的时候没叫上我""原来我只是来人间凑数的"。其实，这种新闻过度地放大了幸存者偏差，只会让普通人越来越焦虑。只要多看些名人传记，你就会发现，成功是需要时间的，大器需要更多雕琢。请相信自己，并给自己一些时间去积淀。

另一个让我收获很多的观点，是稻盛和夫先生在《干法》一书中提炼的人生哲学，一个激励和影响了很多青年和企业家的成功公式：

$$成功 = 能力（0 \sim 100）\times 努力（0 \sim 100）\times 态度（-100 \sim 100）$$

这个成功公式的经典之处在于，它改变了大家对于成功等于将能力、努力、态度三者的效力只是做简单加法的传统认知，而采用乘号表示关键要素对成功的影响。

稻盛和夫先生认为，想要获得成功的人生，不能只依赖于个人的思维方式，能力、努力和态度才是三个最为关键的要素，只要有一个要素为 0，结果就是 0。这就意味着，只要态度不对或者不够努力，即便是能力再强的人，也与成功无缘。

## 拆解黑箱：学习效果公式 1.0

借鉴稻盛和夫先生的成功公式和认知心理学的研究成果，我也把我的学习效果做了类似的拆分。拆分之后，我发现学习过程变得有的放矢，进行针对性训练，学习效果比从前好了很多。我的学习效果公式如下：

学习效果 =（能力 × 时间 + 天赋）× 知识

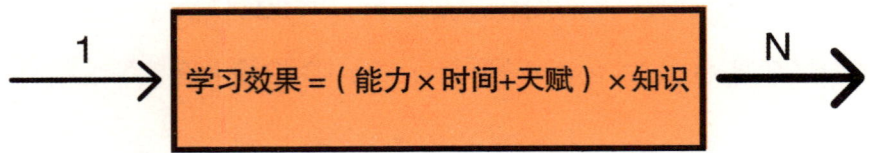

学习效果公式

每个科目的学习效果都与这四个要素相关：学习能力、花费的时间、在这一领域的天赋、所接受的知识传输载体的质量和知识的系统化程度。

以 10 分制为例，假如小红同时开始学习英语和数学，可按如下方法计算她的学习效果指数：她的英语学习天赋较高，为 8 分；学习能力也较强，为 6 分；但是给她上课的老师经验不丰富，知识的系统性不强，选择的教辅书质量也比较一般，所以知识只有 4 分；另外小红每周花费在英语上的学习时间只有 5 小时，为 5 分。所以，小红的英语学习效果指数为：（6×5 + 8）×4 = 152。

与此同时，小红的数学学习天赋一般，只有 3 分；学习能力普通，只有 5 分；但是小红的老师是资历很深的特级教师，教学经验丰富，课程系统性强，选择的教辅书都是最好的，知识分数为 9 分；小红也非常努力，每周在数学上学习 10 个小时，时间分数为 10 分。那么，小红的数学学习效果指数为：（5×10 + 3）×9 = 477。

所以，虽然小红的英语学习天赋比数学高，但按照当前的学习状况，小红的数学学习效果会比英语好。

如果你发现自己的学习效果不好，先不要着急苦恼，可以从这四个要素去分析，看每一要素分数如何，分析应该从哪些方面调整，是应该更努力，还是应该选择更好的知识载体（老师、教材、教辅书等）。

### 学习双刃：能力与天赋

要承认天赋的存在，但不要把天赋当作失败的借口。一个人的学习效果与天赋、能力息息相关，虽然大部分人智力水平相当，但是在不同的学习领域，每个人的天赋或者说初始禀赋确有不同。

天赋是与生俱来的，举个极端的例子，自闭症儿童中的学者症候群群体在绘画、音乐等领域确实具有绝对的天赋。所以，我们要承认天赋的存在，接受别人在某些方面比自己有天赋的事实。但这并不意味着，遭遇失败时就可以把原因归结为别人比自己智商高，比自己有天赋，并借此为自己的不努力开脱。

## 发现自己的相对天赋

如果和别人比，你找不到绝对天赋，那就换个角度，和自己比，找到相对天赋。不要质疑，你可以找到自己相对擅长的领域。那个你花费少量学习时间就能产生较好学习效果的领域，就是你的相对天赋所在领域。

以我为例，小时候我先参加了合唱队，每天扯着嗓子练习也没有太大进步。后来转去舞蹈小组，第一天老师就夸我学得很快，动作很标准。上大学后，作为非特长生，我也上台独舞过多次。我的舞蹈天赋虽比不上专业的舞蹈演员，但和唱歌相比，舞蹈就是我的相对天赋所在领域。

没有人什么都擅长，也没有人什么都不擅长。找到自己相对天赋的唯一有效方法就是不断地尝试，不断进行自我评估。一旦发现相对天赋，就努力去做，以达到事半功倍的效果。

## 你的努力程度还没有到拼天赋的时候

在你的求学和工作生涯里,难免会遇到别人在某些对你很重要而且绕不开的领域就是比你有天赋的"扎心"时刻。不过也不用担心,因为学习效果还与能力相关。天赋不会随着时间的叠加而积累,但是能力却可以。所以即便面对天赋异禀的对手,你也仍然有超过他的可能,《龟兔赛跑》《伤仲永》的故事就是最简单的例子。

在当前这个浮躁的社会,勤奋产生的时间差在很多时候才是区别学习效果的关键。你的努力程度还没有到拼天赋的时候,所以只要再拼拼时间,你抬头就会发现,自己已经甩开了大部分的人。

## 优质的知识媒介,让你的学习事半功倍

媒介是指使人与人、人与事物或事物与事物之间产生联系或发生关系的物质。学习的过程中也存在媒介,老师、课本、教辅书等知识的载体或传播者都可称为知识媒介。

知识媒介质量(例如系统性和完备性)会直接影响学习效果。例如,你某一个学科学得很好,认为是该学科的老师教得好,其实更深层次的原因是优秀的老师对于知识的系统性和完备性都有很强的把握,他们对考点更明确,教学方法也有自己的特色。在这个学科中,你的知识媒介质量很高,所以学习效果就比较好。而对于授课能力一般的老师,知识

媒介质量不高，最后只会产生"听君一席话，如听一席话"的效果。

由此可见，名校教学成果突出的秘密在于他们非常重视自己的教学研发团队，善于把一线的教学经验与老师的时间、智慧相结合，做到将同样的知识梳理得更加体系化、颗粒更细。同时，有条件的学校还会用AI的方式匹配每个孩子的学习情况，在知识媒介这个维度提高孩子的学习效果。所以如果在好的学校，或者遇到好的老师，在知识的输入上就能领先不少。

另外，在知识的输入过程中，知识体系越完善，难度越适宜，新旧知识的配比越恰当（**学习甜蜜点＝85%的旧知识＋15%的新知识**），越会提升你的知识媒介质量，从而提高学习效果。

除了依靠老师的知识输入之外，还可以通过选择优质的知识媒介（如课本、教辅书、音视频材料）和有效的学习工具（如优质App、词典）来提高学习效果。尤其是和我一样出身普通、缺乏优质教育资源的同学，学会筛选和主动获取资源的能力就显得尤为重要。具体方法可以参照本书筛选图书的方法（见P153）。

# 强化学习效果，开始进步

如果你想要更加深刻地理解和运用学习效果公式，我们还可以将学习能力和时间这两个要素进行下一步的拆分。

**学习能力 = 学习动机 + 思维方式 + 学习方法 + 自我效能**

## 学习动机

学习动机，就是不管你是出于兴趣，还是出于比较明确的目的，到底为什么想要学习。比如，有人认为学习能够给自己带来一定的经济价值，有人认为学习能够给自己的家人增加幸福感等情感价值，也有人是为了自己的面子和虚荣心。这些内在和外在的原因都构成了个人的学习动机。

学习动机影响着一个人的自驱力，决定着一个人在没有外界因素的影响下，能否长期地坚持学习。

## 思维方式

思维方式是大脑加工和处理信息的方式，是各种思维要素综合在一起按一定的方法和程序表现出来的，相对稳定的思维模式。也可以理解为大脑观察、分析、解决问题的模式。不同的思维方式对于知识的理解速度和深度有着非常大的影响。

举个简单的例子。我在初中学习物理分子作用力这部分知识时，无法理解为什么分子之间在一定距离内，靠太近会产生排斥力，离太远会产生吸引力。但有一天我突然联想到，其实可以把这个概念想象成两个分子之间有一根小小的弹簧。分子靠近了，弹簧就把它们推开；离远了，弹簧就把它们拉回。这样一来，概念就非常好理解了，而且我再也没有记错过。

再比如，我分析数学错题本上的错题的时候发现了一个现象。在很多情况下，我并不是因为不理解单一的知识点而出错（蓝色类型题），而是因为不了解知识点之间的联系，以至于做不出同时包含多个知识点的题（黑色类型题）。了解这一点之后，我开始用思维导图的方式去梳理数学、化学等理科知识点及其内在关联，后来再遇到同时考查2～3个知识点的题目时，我就能比较轻松地解答。

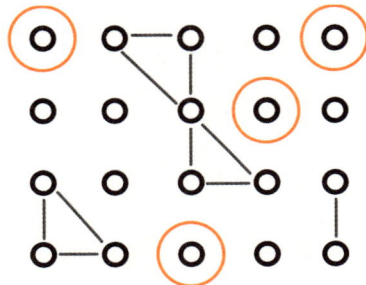

○ 知识点

◯ 你会做的题：包含单一知识点

△ 你不会做的题：包含多个知识点

**题目类型与知识点关系图**

# 学习方法

　　学习方法是学习能力中重要的组成部分，不同学科的知识体系以及每个人的认知方式都具有各自的特点，所以需要辅以不同的学习方法。磨刀不误砍柴工，有了这些方法的辅助，刀就快了，无论什么学科学起来都会比较轻松。

　　学习方法是连接思维方式和行动力的非常重要的环节，必须从思维和意识两个层面去落实。一旦落实，你就会发现学习方法对学习效果有非常显著的提升作用。

我从不会学习到会学习，再到持续地自主学习，其实得益于学习方法的积累和实践。本书中很大的篇幅都在介绍学习方法，希望能对正在阅读的你有所启发。

## 自我效能

自我效能是斯坦福大学心理学教授阿尔伯特·班杜拉（Albert Bandura）提出的概念，用于描述个人对自己完成某方面工作能力的主观评估。自我效能影响个人在活动，尤其是在挑战性活动中的努力程度，以及在活动中面对困难、挫折、失败的持久力。

学习是一个不断挑战自我思维，打碎和扩建原始知识体系的过程，因此，对自己学习能力的评估以及遇到瓶颈时所表现出的持久力会极大影响学习效果。

大家常说："人类的悲喜并不相通。"在学习中也是如此。有人面对难题能激发自己的挑战欲，挑灯夜战非要拿下不可；有人通过暂时的努力没有看到成效，就会产生怯弱、悲伤、自我怀疑的情绪，从而过早放弃。这两种差异产生的本质是自我效能不同。

## 时间效能 = 单位效率 × 时长

知识的积累和学习效果的呈现有一个绝对离不开的元素，那就是时间。而学习效果公式当中的时间指的是时间效能，时间效能是由单位时间内学习的效率和学习时长相乘而得到的，即时间效能＝单位效率 × 时长。

单位效率低的人，不论学习再长的时间，产生的时间效能也很低；而单位效率特别高的人，即便学习的时长不长，也能产生较高的时间效能。所以大家不要一味地只关注自己的学习时长，而是要提高单位时间的学习效率，学习的时候不要分心，要全身心投入。

学会时间管理是学习过程中非常重要的环节，想提高自己的单位效率，可以用每日 to-do list；想对事情进行重要性分类，可以使用番茄工作法；也可以使用本书提及的训练自控力和专注力的方法，从而提高自己的时间利用率。

因此，学习效果公式也可以扩展为：

学习效果＝知识 ×［（学习动机＋思维方式＋学习方法＋自我效能）× 时间效能＋天赋］

015

# 讨厌学习该怎么办

## 存在即合理

不论是在求学生涯中还是进入教育行业工作后,我经常会听到一部分不喜欢学习的人言之凿凿地说学习反人性的言论。他们认为上课和考试这些学习过程是在消磨人性的求知欲和好奇心,并以此为人生哲学,为自己不认真学习做背书。甚至有部分家长也很心疼自己的孩子,看到孩子在课上目光呆滞、表情痛苦、手足无措的状态,觉得孩子像在坐牢。所以,即使他们拿回一张张不如意的成绩单,也不忍心责备。

学校的学习过程的确是一种花费较长时间、耗费意志、更深层次、系统化的学习。所以,有人觉得在学校的系统里学习是一个非常痛苦的过程,这是正常的现象。

其实,从认知心理学的角度而言,学习非但不反人性,反而符合人类的天性。好奇、求知、模仿及实践组成学习的过程,是我们的祖先进化为智人,种族得以留存至今的重要原因。如果对学习感到痛苦又无奈,那可能是你所接受的部分教育方式和学习过程是反人性的。

## 不同的教育逻辑

中式教育强调应试能力。不少老师教孩子钓鱼,会让孩子从书本上学习钓鱼的第一个步骤是挂鱼饵,第二个步骤是投鱼竿,第三个步骤……然后拿出试卷,让孩子考试,在试卷上写出的步骤最多、最全的孩子就是最会钓鱼的孩子。而西式教育则更注重实践能力的培养,教孩子钓鱼就会直接给他一根鱼竿和一些鱼饵,带他去户外钓鱼,钓上的鱼最多的孩子就是最会钓鱼的孩子。

人类天性好奇,但并非天生擅长思考和应用,这些学习环节是需要引导的。即使学了很多年数学,但是很少有人知道,除了算账,数学还有什么别的作用。再比如语文老师教孩子写作文,描写四季变化,很多老师习惯让孩子闷头在教室里空想,却很少带他们去观察自然,真正感受四季的变化。填鸭式的知识灌输、题海战术、分数导向性学习、实践活动缺乏等问题都在一定程度上违背了我们的学习天性,导致孩子们觉得学习过程枯燥无味、难以坚持。

好在近年我们国家的教育体系也正在通过"双减"政策、高考改革、研学游学等方式而逐渐改变,可以说未来可期,但是解决根本问题仍需要时间。所以,如果你学得很痛苦,我赞成你去反思你所接受的教育方式和学习方法是否违背了你的天性,是否过分制约了你的发展。你可以有挑战权威的态度,然后理性地去反馈和调整。

本书的第二章会教你如何利用向上管理的方法,管理自己周围的学习资源,改变自己的学习方式。

## 学习过程自测，我为什么学不好

如果你觉得自己的学习过程非常困难或痛苦，抑或是学习效果总是不尽如人意，那么你需要从内在原因和外部环境两个层面对自己的学习过程进行自纠自查。还是那句老话："想成功，先了解自己因何失败。"找到了问题所在，问题就解决了一半。接下来，你可以按照下表进行自纠自查，了解学习过程中自己的薄弱环节，再针对性地改进和调整。

**学习过程自测表**

| 类型 | 项目 | 描述 | 是 | 一般 | 否 |
|---|---|---|---|---|---|
| 学习动机 | 学习自驱力 | 明确自己为何学习。 | | | |
| | 学习目标 | 有明确的学习目标，并且该目标能在学习过程中对自己产生积极正向的影响。 | | | |
| 自我效能 | 自信心 | 充分相信自己的认知能力和学习能力，认为自己能完成设定的学习任务。 | | | |
| | 价值肯定 | 学习过程中，如果遭遇困难和失败，会给自己鼓励或者让周围的人给予自己肯定。 | | | |
| | 意志力 | 知道让自己更专注、更自控、更自信的训练方法，并且在日常学习中使用。 | | | |

续表1

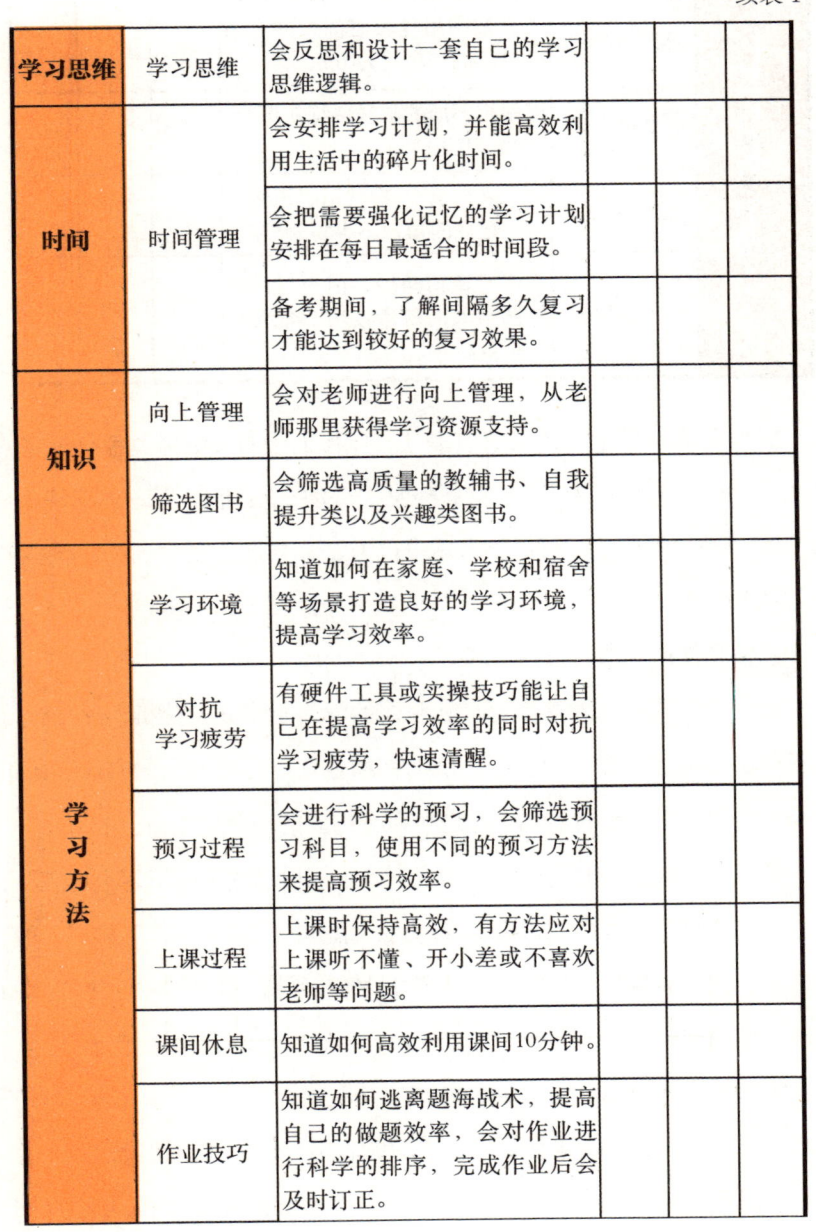

| | | | | | |
|---|---|---|---|---|---|
| 学习思维 | 学习思维 | 会反思和设计一套自己的学习思维逻辑。 | | | |
| 时间 | 时间管理 | 会安排学习计划，并能高效利用生活中的碎片化时间。 | | | |
| | | 会把需要强化记忆的学习计划安排在每日最适合的时间段。 | | | |
| | | 备考期间，了解间隔多久复习才能达到较好的复习效果。 | | | |
| 知识 | 向上管理 | 会对老师进行向上管理，从老师那里获得学习资源支持。 | | | |
| | 筛选图书 | 会筛选高质量的教辅书、自我提升类以及兴趣类图书。 | | | |
| 学习方法 | 学习环境 | 知道如何在家庭、学校和宿舍等场景打造良好的学习环境，提高学习效率。 | | | |
| | 对抗学习疲劳 | 有硬件工具或实操技巧能让自己在提高学习效率的同时对抗学习疲劳，快速清醒。 | | | |
| | 预习过程 | 会进行科学的预习，会筛选预习科目，使用不同的预习方法来提高预习效率。 | | | |
| | 上课过程 | 上课时保持高效，有方法应对上课听不懂、开小差或不喜欢老师等问题。 | | | |
| | 课间休息 | 知道如何高效利用课间10分钟。 | | | |
| | 作业技巧 | 知道如何逃离题海战术，提高自己的做题效率，会对作业进行科学的排序，完成作业后会及时订正。 | | | |

019

续表2

| | | | | | |
|---|---|---|---|---|---|
| 学习方法 | 复习策略 | 能高效利用复习时间，并有适合自己的一套复习方法。 | | | |
| | 记笔记方法 | 能根据不同的学科熟练使用2~3种笔记法。 | | | |
| | 记忆方法 | 熟练掌握至少3种常用的记忆诀窍，记住的知识不容易遗忘。 | | | |
| | 考试技巧 | 知道考试前两周、前一周以及考试当天的备考技巧，能帮自己获得高分。 | | | |

想要获得良好学习效果的前提是，你在上述的关键环节都有一定的技巧。针对学习的关键环节，本书梳理了一套方法指南。对于你标注"一般"或"否"的环节，可以参考本书的方法，再加上刻意训练，就能产生好的学习效果。

阅读和使用本书有三种方式。

第一种方式是依顺序浏览，从整体的学习思维开始分析，逐步细化到具体的学习过程和学习技巧，从而帮助你选择适合自己的方法。如果觉得书中的方法不适合自己，你也可以在相应的环节使用自己的方法。

第二种方式是在时间有限的情况下，根据自己的情况填写上述表格，分析自己在学习过程中的短板和薄弱点，重点关注填写"否"和"一般"的环节，然后返回目录，找到该环节的对应章节，通过针对性的阅读和实践，定向突破自己的问题。

第三种方式是结合方式一和方式二，先通篇快速浏览，了解本书的核心思想和知识脉络，再根据自己填写的表格有针对性地阅读和实践。

在时间、精力充足的情况下，建议使用第三种阅读方式，因为对于一本书的知识结构而言，该阅读方式的效果最好。

## 学习风格自测，选择比努力重要

学习的输入需要老师因材施教，也需要你"投己所好"。为了获得更好的学习效果，除了了解自己的学习短板并进行针对性调整之外，还需要了解自己的学习风格，辅以适合的学习方法，才能事半功倍。

我认识到学习风格这个重要影响因素是因为我的一个朋友。当时，她问我如何能够快速地记住纷繁复杂的历史事件和人物关系，我建议她针对每一个朝代用思维导图的方式梳理重要事件和时间点，并在旁边配上重要事件的图片，这样用一张大图有助于记住整个朝代的重要历史事件。她按照我的方式尝试了，但是效果并不好。后来她把用思维导图梳理重点事件的方法转化成"口诀 + 重要事件"，用语音存在手机里，在吃饭的时候反复听读，就记得更快、更牢了。

这件事让我知道，即便学习同一内容，使用同一学习风格，对于想达到相同目的的不同个体来说，学习效果还是有差异的。简单来讲，就是不同的人适合的学习方法和学习风格是不一样的。

学习风格理论在心理学上存在一定的争议，有的学者赞同，有的学者反对。反对的学者认为，当前还无法证明特定学习风格的人用适当的方法就一定能够产生比较好的学习效果。但是，我认为这一理论为我们认知自己的学习特点提供了较为系统的思路。面对不同的学科、环境，可以灵活采用适合自己的学习方法，而不去盲从所谓的"成功学习者"的方式。例如，现在很流行的思维导图、成立学习小组等学习方式，并非适用于每一个人。认识自己永远比盲目模仿别人重要，所以在保持开放心态的情况下，我还是想在这里分享这个理论给大家。

## 七种学习风格

学习风格是指人们在学习时所偏爱的方式。每个人在学习的过程中，喜欢和习惯使用的学习方式和技巧都有所不同。用你喜欢的风格指导学习方式会改变你内在表达的方式、回忆信息的方式等。

不同的学习方式调用的是大脑不同的区域，研究人员使用大脑成像技术已经能够找到负责不同学习方式的大脑关键区域。通过了解自己的学习风格，在学习过程中通过合适的方法去调动大脑的不同区域，你就能学得更多、更快、更好。

想了解自己的学习风格，可以来做一个简单的测试。

如果你正在学习一个新的技能或学习使用一款新的设备，你会倾向于用什么方式学习？

A. 观看该设备的操作视频

B. 询问身边已经在使用的朋友，请他们给你讲解

C. 阅读设备的使用说明书，阅读后使用

D. 拿起设备自己操作摸索使用

E. 分析该设备的原理，对比类似产品

F. 与朋友家人分享新设备，大家一起动手操作

G. 自己寻找安静的空间，独自研究该设备的操作方法

新西兰教师尼尔·弗莱明（Neil Fleming）和大卫·鲍米（David Baume）在1987年创立了广受欢迎的VARK模型。VARK是四大类型学习者的首字母缩写，其中包含视觉型学习者（Visual）、听觉型学习者（Auditory）、读写型学习者（Read-Write）、动态型学习者（Kinesthetic）。

VARK模型的逻辑是，每种类型的学习者都有一套自己的"学习特征"，同时对于不同的教学方法和学习习惯，都有不同的反应和最终效果。心理学家斯科特·巴里·考夫曼（Scott Barry Kaufman）在《科学美国人》（*Scientific American*）的文章中提出，如果细分，学习风格类型将非常多，可以分为3~170种不等，这里给大家介绍较为主流的7种学习风格类型。

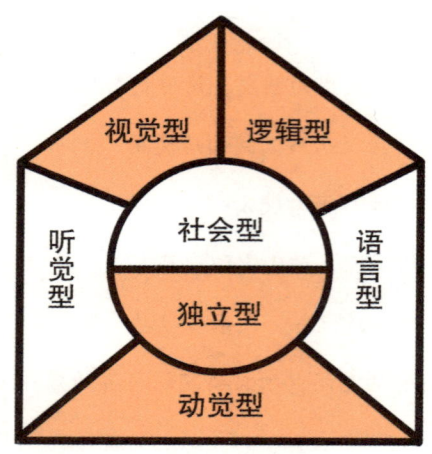

七种学习风格类型图示

### A. 视觉型学习者（Visual/Spatial）

喜欢可视化地呈现信息，更喜欢使用图像、图片、颜色和地图来组织信息并与他人进行交流，可以很容易地在脑海中想象出物体、计划和结果。

### B. 听觉型学习者（Aural/Auditory-musical）

对声音的反应更积极，听信息更有利于记忆。更喜欢通过声音和音乐来学习，当用录音作为背景时，能快速进入可视化的联想。

### C. 语言型学习者（Verbal/Linguistic）

更喜欢通过语言，例如口头或书面的信息、演讲和写作来学习。喜欢阅读和写作，喜欢研究单词的意思或发音，比如绕口令、押韵、打油诗等。

### D. 动觉型学习者（Physical/Kinesthetic）

更喜欢与事物互动，利用身体感官，通过实践来学习。喜欢运动、做模型、拼图、组装机械，不喜欢长时间坐着不动。

### E. 逻辑型学习者（Logical/Mathematical）

更喜欢在所学的东西中寻找模式和趋势，寻找事物背后的联系、原因和结果，喜欢使用逻辑、推理和系统来学习。

### F. 社交型学习者（Social/Interpersonal）

更喜欢在小组中或者和其他人一起学习，享受社交互动，同时可以从与他人的互动和交流中获得更多的见解。

### G. 独立型学习者（Solitary/Intrapersonal）

注重隐私、内省和独立，喜欢以独立思考、独立工作或自学的方式来学习。喜欢用日记等方式记录自己的内心，这种类型的学习者的想法和感受往往集中于当下。

上文简单问答题的七个答案对应着 A～G 的七种学习风格，通过这个简单的测试，你可以对自己主要的学习风格类型有大致的了解。

## 学习风格特征对照表

| 风格 | 学习风格特征 | 适合的学习方式 |
| --- | --- | --- |
| 视觉型学习者 | 喜爱阅读；<br>喜欢照片和图画；<br>在意视觉舒适感；<br>容易被具有视觉刺激的事物吸引；<br>做事节奏分明；<br>容易被声音干扰。 | 图表、表格；<br>图片、照片与视频；<br>使用颜色分类重点；<br>利用可视化的隐喻（如"白云像是棉花糖"）；<br>视觉辅助设备，如投影仪；<br>以视觉方式组织的信息（如用颜色编码的类别）；<br>在联想中使用颜色、布局和空间组织，多使用"视觉词汇"。 |
| 听觉型学习者 | 对声音敏感；<br>喜欢倾听；<br>喜欢讨论；<br>擅长使用音乐进行表演，例如喜欢唱歌或乐器；<br>善于解释；<br>习惯大声朗读；<br>容易因噪声而分心。 | 多使用故事或歌曲等音频学习素材；<br>多表达并大声朗读，帮助记忆；<br>多使用小组讨论、口头报告等方式学习；<br>重视上课时间；<br>多参加学习类论坛和讲座；<br>在安静的环境中学习。 |
| 动觉型学习者 | 触觉发达、充满活力；<br>擅长运动、四肢协调；<br>擅长掌握实践型内容；<br>喜欢通过"做"来学习，而不仅仅是听老师解释概念；<br>喜欢在运动的时候思考问题。 | 学习过程中多使用积木、模型、算盘等实物型学习工具；<br>多做记笔记、绘制图表或画画等学习辅助工作，让肢体运动起来；<br>通过实验和模拟等方式来学习；<br>不要长时间坐在座位上，进行户外学习；<br>可以尝试角色扮演或使用手势加强记忆。 |
| 语言型学习者 | 喜爱阅读；<br>喜欢写作；<br>喜欢列各类清单；<br>擅长做笔记；<br>善于维持干净整洁；<br>善于书面表达及口头表达；<br>喜欢研究字词的含义。 | 通过记录和阅读笔记、制作卡片学习；<br>多使用口述表达、演讲或语言总结展示；<br>多使用口诀记忆；<br>使用角色扮演来模拟对话；<br>采用回忆、组织语言描述知识点的方式巩固学习。 |

续表

| | | |
|---|---|---|
| 逻辑型学习者 | 擅长数理或编程等学科；<br>喜欢整理碎片化的信息；<br>喜欢进行数据统计和逻辑分析；<br>喜欢寻找联系、原因和结果；<br>喜欢推理，喜欢寻找模式与事物的趋势，系统思维强。 | 不要死记硬背，理解需要记忆的内容，梳理内容之间的关联；<br>多使用数据、表格梳理知识点间的联系；<br>在学习中引入需要解释和推理的任务或问题开展学习；<br>利用"系统思维"来帮助理解系统各个部分之间的联系。 |
| 社交型学习者 | 喜欢通过讨论学习，喜欢小组活动；<br>喜欢合作完成学习任务，享受与他人协作；<br>善于与人交流；<br>善于发现他人的真实诉求。 | 多参与小组学习，多与同学交换学习意见；<br>鼓励自己多分享，多提问；<br>加强与团队之间的联系；<br>通过小组自习或线上自习室等模式，寻找学习伙伴，提高自己持续学习的毅力。 |
| 独立型学习者 | 喜欢独立思考；<br>注重个人隐私；<br>善于内省，行事独立；<br>喜欢写日记。 | 培养独立解决问题的能力；<br>选择安静独立的学习和工作环境；<br>制订清晰的目标和计划；<br>将目标、个人信念、价值观结合起来；<br>保留并常常回顾自己的学习进程能让你更好地内省和成长；<br>在独自遇到挫折时进行积极的心理暗示。 |

学习风格与个性一样因人而异，有些人会以一种学习风格为主导，很少使用其他风格，也有部分人面对不同学习任务会使用不同的学习风格。学习风格并非完全独立存在，也不是一成不变的。学习风格体系有助于对自身的学习特征进行区分，从而帮助你在不同的学习情景下，优先选择与自身习惯较为匹配的学习方法，在一定程度上提高学习效率。

以我为例，我的学习风格就是以视觉型为主，同时结合了逻辑型和独立型的特点。我非常喜欢看电视剧和电影，图像和视频对我有很大的吸引力，我甚至还能记得多年前看过的电视剧和电影中的经典画面。所以在学习过程中，我常常通过图像、思维导图以及联想等方式来辅助记忆，效果很不错。

另外，我喜欢问为什么，喜欢分析事物背后的逻辑。如果知道所学知识的前因后果，我会记得更牢，也更容易举一反三。认识到我的学习风格后，我就开始推导各类数学、化学公式，理科学习因此变得轻松了不少。

我的学习过程比较独立，周围环境过于嘈杂或者团队成员各执一词等情况都不太利于我独立思考、得出结论，所以不论是在上学期间还是在工作之后，我都会给自己打造一个独立而私密的学习空间。小时候在家里，我也拒绝和我妹妹在一个房间里写作业，因为我发现她在旁边逗我玩或者发出声音，会让我难以集中注意力。后来我们两个的学习过程都在独立房间里进行，效率都提高了不少。

所以我认为，学习风格理论可以作为一个自我分析工具。客观认知，理性分析，了解自我，往往是改变的第一步。

O2

第二章

**向上管理：**

老师同学都来助我学习

## 巧妙"管理"你的老师

"向上管理"这个概念源于管理学,通常指的是下级对上级进行管理,与上级形成良好的信息沟通,并索要相关的支持性资源。这个概念是由著名管理学家杰克·韦尔奇(Jack Welch)的助手罗塞娜·博得斯基(Rosanne Badowski)提出的。她认为管理需要资源,而资源的分配权力在上级手中,如果想要获得工作资源的支持,就需要对上级进行管理,这是最完美的上下级沟通关系。

我发现这个概念也同样适用于师生关系——老师可以管理你,而你也可以向上管理你的老师。老师是学校筛选出的传道授业之人,也是我们成长道路上的引路者。他们不仅是我们获得知识的载体,同样也掌握着求学过程中很多关键的资源。

如果仔细观察你身边成绩优异的同学,就可以发现他们都非常善于和老师相处,和老师的关系不仅很铁,也擅长发现和利用老师掌握的资源。这种良好的师生关系源于学生有意无意地对老师进行向上管理,而我希望你通过这一节的学习,可以把对老师的向上管理变成一个有意识、有节奏的过程。

## 向上管理的成功与失败

回顾学习生涯，我发现人生第一次成绩进步就是源于我无意识的向上管理。

曾经作为不会学习的孩子，我在小学三年级前几乎从未认真听过一堂课，上课不是在书桌上画画、看课外书，就是和同桌聊天。对于我这种自己不学还影响同桌的行为，老师隔三岔五就会叫我回答问题，答不上来就站着上课。刚开始，我还会因为被老师点名答不上题而脸红羞愧，后来次数多了，我竟然也习以为常了。没错，我成了班级里脸皮厚、油盐不进的"老油条"。直到三年级，班里新上任了一位姓马的语文老师，通过不经意间的向上管理，我才真正开始上课听讲，学业进步。

向上管理一点都不难，年仅10岁的我对老师的向上管理只通过简单的两步。

第一步是因为她长得像我姨妈，我觉得她很熟悉，并愿意亲近。所以，原本讨厌老师的我在第一节课间情不自禁地和她说："马老师，您长得真好看，特别像我姨妈，您能来教语文，我好开心呀！"老师听完笑得很开心，并且当即就记住了我的名字。这是我第一次这么快被老师记住名字，所以内心的激动可想而知。

第二步是我主动去马老师办公室和她交流自己的学习困惑，诉说我因为说话结巴被人嘲笑，觉得老师只关注成绩好的同学，因此产生了很强的厌学心理等心里话。马老师了解我的情况后，开始经常让我回答问题，即便我答错或者结巴，她也会耐心指导我。慢慢地，我对学习的态度开始改变，成绩也有了明显进步，至今我都非常感谢她。

另外一个是向上管理失败的例子，发生在我大学二年级。那一天我突然接到辅导员老师的电话，让我去一趟办公室，询问我是否可以将某个属于我的奖学金荣誉让给他带的班级里的某位同学。他认为奖学金是一种荣誉，而我去年已经得过了，所以应该把机会让给更多的人，并且他会以其他的奖学金方式补给我同样金额的钱。当时我在办公室非常无助，因为大学一直忙着课业，和辅导员老师交流不多，更不知道如何拒绝，最后在老师的权威之下只好妥协。这件事情的结局也是出乎意料，由于这位老师还有其他不合理分配资源的行径，所以被其他同学检举给院长，我们的奖学金才得以归位。

事情结束之后，我反思自己，如果我之前增加与辅导员还有团委老师们的来往，或者如果我也认识院长的话，在被提出无理要求的时候，我就能理性地去反驳并说服他，就不会如此无助，只能妥协。

老师不是权威的代名词，良好的师生关系一定是双向而并非单向的，所以老师与学生的沟通和交流也不应该总是自上而下，作为学生的我们可以向老师反馈自己的想法、困惑和需求。

我不赞成学生或家长通过讨好甚至送礼等破坏公平原则的方式来物化师生之间的关系，但我同样也不赞成学生和老师的交流只停留在课堂上的眼神交流。要知道，老师做事有原则，资源配置有弹性，如果你会对老师进行科学的向上管理，你的求学过程会更加顺利。

如何对老师进行有效的向上管理，平等有效地和老师交流，助力自己的学习和成长，以下几个建议可以参考。

### 正确认识老师存在的意义与价值

你需要认识到，老师是学校选的，不是为你一个人服务的。面对老师的基本态度一定是尊重，在此基础之上学会吸收和利用老师的优势，助力自己的成长。切记不能由于自己的原因把老师当作成长路上的障碍。

在小学甚至到高中阶段，学生的思想意识还不太成熟，学生和老师之间情感联结的强弱往往会影响他们对这门学科的兴趣，甚至直接影响这门学科的学习成绩。很多学生都会片面地认为老师只喜欢成绩好的同学，小时候我也非常喜欢用这个借口来麻痹自己，觉得老师不喜欢自己是因为自己成绩不好。

学习成绩提高之后，我才发现，不是成绩好就能和老师相处得好。就算有的学科我考了第一，我和授课老师的关系仍然不好。因为我不喜欢他，觉得他讲课总是抓不住重点，也不想和他交流，和老师的心理战也浪费了我很多时间和精力。

高考冲刺阶段，老师给同学们整理了很多复习资料，而我却因为不喜欢他的教学方式，所以不愿意参考那套复习资料。结果在最后一次模拟考试中，老师押中了题，在全班同学都有很大进步的情况下，我退步了。我后悔莫及，觉得不该看轻自己的老师。

进入教育行业之后，我更加深刻地理解了老师这个角色。其实，老师并非只会看到那些所谓的成绩好或者聪明的学生。老师也是人，面对个性、交流频率和沟通方式都各不相同的学生，也会偶尔表现出情绪上的"偏爱"。例如，成绩好的同学往往在学习的过程中和老师有着较多的交流，而比较活泼的同学经常出现在老师面前，在交流频率上就明显超过了其他同学。所以，如果你觉得你不被老师关注，你可以问问自己：为什么老师关注的是其他人而不是我？并且观察他们和老师的沟通交流有什么特点，从而为良好的师生关系做出一些调整，引导老师多关注你，多了解你的特点和需求，提供与你适配的学习资源和方法。

老师是连接学生和学校资源的桥梁。学习、成长类资源以及很多与学习成长相关的信息和机会，都需要通过老师这个渠道去了解和获取，例如专业的选择、备考信息、强基计划、保送计划、实习机会、实践机会、重要比赛的信息、评优评先的要求等。

再告诉你一个事实：老师内心其实也希望和学生有更紧密的关系，

他们的教学过程需要学生的反馈，所以你主动找老师交流并不是打扰他，而是在某种程度上帮助他。这是一个双向的过程，所以不必过度紧张和羞涩。

# 7个沟通技巧让老师喜欢你

## 向上管理的七条实战技巧

**第一，保持尊重理解的态度**

老师和学生之间需要建立一种平等的关系，所以你需要放下对老师的戒备，放下对老师的负面情绪以及对老师的过分崇拜。以尊重为前提，多理解老师，用礼貌的态度和平等的视角去沟通、交流，构筑一个良好、健康的师生关系。

**第二，与老师共同制定学习目标**

试着走进老师的办公室，将你的学习情况和近期目标与他分享。分享的过程是双向的，你需要通过老师了解自己的学习状况和发展潜力，让老师了解你需要进步的地方。这样，老师才能为你提供资源和时间，帮助你实现目标。

同时，你也可以进行教学过程的反馈，和老师分享自己学习上的困惑，让老师了解学生对课程的看法。老师也能更好地调整自己的教学方式，分解教学目标。所以你与老师沟通得越多，慢慢地，老师的教学思路和风格也会更适合你。

偶像团体SNH48爆红的商业模式是非常值得借鉴的。她们是第一个让粉丝深度参与到偶像的选拔和养成过程的团体，这就使得SNH48粉丝中的"铁粉"率远超过其他偶像团体。

对比师生关系，本质也是一样的。想要在学习上有所成就，你需要让老师深度参与到你的学习过程中，和老师共同制定学习目标，并且和他形成良好的互动。当你取得进步的时候，不要吝惜对老师的感谢，老师也会觉得你的成功有他付出的辛苦和努力，你是他的得意门生，你的成功也是他教育生涯的一个成就，他会不遗余力地帮助你。所以，让老师成为你的"铁粉"，也是一种成功的向上管理模式。

### 第三，带着问题去，带着结果回

老师和你的时间都很宝贵，如果想要简单高效地和老师沟通，那么一定记得"带着问题去，带着结果回"，这是一个非常重要的原则。

与老师沟通之前，先想好要提出什么问题，挑选合适的提问时间，清晰地表达出来，不要支支吾吾。为了避免尴尬，可以先和同学讨论准备提出的问题，先解决部分问题，规避因马虎、粗心引起的非知识点问题。无法解决的问题再问老师，以免老师以为你上课不认真听课。

带着结果回的意思是，你提出的问题需要得到解答。老师的讲解，要边听边思考，确保真的听懂了；如果没有听懂，又不敢再问，不仅浪费了你和老师的时间，也会阻碍你下一次提问。老师会觉得，怎么讲了还是不会；你自己问了也听不懂，所以不愿意再问。如果没听懂，不如直接说："抱歉，老师，某个地方我还是不太明白，可以请您再解释一下吗？"最后达到的效果，一定是带着问题去，带着结果回。

**第四，一句话提高沟通的准确性**

人和人之间的沟通包含信息的编码和解码两个过程。老师表达的信息和你理解的信息也许会发生偏差，所以，为了确保自己最后得到的信息和老师传达的信息是一致的，在沟通的时候一定不要忘记复述。

例如，老师说："你这次考试成绩退步了，我觉得是因为你上课注意力不集中。是因为你的同桌经常打扰你吗？你们两个经常在上课时间说话也会影响其他同学。你一直是个很优秀的孩子，不要被别人影响了。这样吧，再观察一周看看，上课要专心。如果还是没有改观，就得请你爸妈来一下，我要和他们聊聊你的情况，不然我非常担心你的成绩会继续往下降。"

如果你中途突然走神，接收到的信息可能就是"老师说我考试成绩退步了，上课不要和同桌说话"；如果你一开始就走神了，只听到了后半段，你接收到的信息就是"老师要我请家长"。

不论是讲课还是讲道理，老师为了让学生更好地理解，他们通常会使用较长的段落、较多的修辞以及总分总等语言组织模式。为了保证双方对信息的理解一致，你一定要会复述。

如果你不和老师确认，可能第二天就把家长叫来了。所以你需要回答并复述说："谢谢老师，所以您是希望我从现在开始改掉上课说话的问题，专心学习，成绩不要再下滑了，对吗？"老师回答说："对的。"这就意味着你们的交流最后达成了共识，彼此的信息间没有误差。

在向老师提问时也是如此，老师讲解后，你要将重点再复述一遍。例如，"老师，您的意思是不是通过××××就可以推导出这个公式？我的理解对吗？"只需要增加简单的一句话，就能够让你确认并更加深刻地理解你得到的答案，避免因为信息误差浪费了提问的机会，同时也通过及时输出的方式提高了你的学习效率。

不仅是和老师沟通学习情况，如果以后你在大学社团工作，需要去老师办公室接受工作任务，你也可以再复述一遍说："老师，和您确认下，您是希望我们在五四当天召开面向大一到大三学生的演讲比赛，主题是'弘扬文化自信'，对吗？"以确保接收到的任务没有问题，关键信息不出错。如此不仅能提高你的工作效率，减少工作失误，也能体现你的工作逻辑性，增加老师对你的好感度。

**第五，及时表达你的感谢**

人生如白驹过隙，忽然而已。时间是最珍贵的，老师用额外的时间给你单独辅导，一定要记得感谢。常怀感恩之心并且及时表达，那么在你第二次、第三次、第四次……打扰老师的时候，他仍会愿意帮助你。

持续地帮助通常有两个前提，一是让老师感受到你的珍惜和感恩，二是每次帮助你之后，老师能看到你经过上一次点拨有了进步。做到这两点，你和老师的沟通就形成了一个正向循环。

感谢可以用"赞扬+感恩"的组合拳。所有人都希望获得别人的认可，如果老师真的对你有所帮助，可以用"赞扬特点+表示感激"的方式，比如："老师，您真的非常细心，我一直没发现原来是错在这里，非常感谢您。"感谢要真诚，时不时手写一些卡片或发消息也是可行的。

另外，从心理学的角度，你还可以在人多的时候在同学或者其他老师面前大方地感谢他，也可以跟你的家长表达，或者让家长给老师发一条感谢信息。人通常都更愿意去帮助懂得感恩的人，老师也一样。

**第六，提供正向情绪价值**

正向情绪价值就是给人带来一切美好感受，能引起正向情绪的能力。幽默是很难的，不是所有人都具备幽默的特性，但是有一个最简单的提供情绪价值的方式，就是多表达自己的关心。

和老师沟通的时候，可以表达对老师的尊重和关心，关心行为也有助于建立情感链接。比如，两位同学同时进入办公室交试卷，A同学说："老师您好，这是我的试卷。"B同学留意到了老师桌上的感冒药，说："老师，您最近是感冒了不舒服吗？天气凉了，您一定要注意身体啊！这是我的试卷，您病着就早些回去休息，我们的卷子明天再改是一样的。"如果你是老师，你会更喜欢哪位同学？

### 第七，保证沟通频率

向上管理还需要掌握一定的沟通节奏。心理学上有一个效应叫作"曝光效应"，又称为"多看效应"，指的是一个人会更喜欢经常出现在他眼前的人或事物。此外，按照学习的节奏，你也需要分阶段和老师进行沟通，才能获得最好的学习效果。

**1. 课间，及时沟通。** 课间时间是非常适合沟通的，课上不理解的问题一定要抓住课间和老师沟通，这样不仅能够及时解决你的问题，还能给老师留下比较深刻的印象。大学下课之后经常问老师的同学，期末的时候总评经常有加分，这是经验之谈，初高中就更不必说了。不懂的知识当堂问，对学习有百利而无一害。

**2. 每月，定期沟通。** 你需要根据自己的学习情况和老师共同商讨阶段性的方案。每个月或者每两个月去老师的办公室用相对长一些的时间，例如 30 分钟，和老师沟通最近学习上的困惑，集中处理习题中不理解的地方，或者向老师索要一些资源，例如推荐一些好书和比赛等。

**3. 学期头尾，总结性沟通。** 学期初或者学期末的时候很适合对自己的学习情况做目标规划或复盘。复盘如果需要老师的支持指点，可以去找老师沟通，请老师给予一些方向上的指导。

有人觉得这么高的沟通频率太可怕了，一学期能和老师说上一次话就不错了。请你千万不要这么想，而是把和老师的沟通当作日常的交流。你能数清楚一个月和同桌说过几次话吗？老师和同桌都是在学校里每天要见面的人，差别很大吗？其实并没有。所以只要尝试几次，你就会发现，和老师沟通的本质就是和其他人沟通，没有太大区别。

我上高中的时候，学校里只有一个外教，但不教我们班，我为了提高自己的口语水平，每次体育课下课都去外教老师的班级守着，等她下课，在陪她回办公室的路上练习口语。我的英语口语最开始就是这么通过自己的"厚脸皮"练起来的，也正因为我跑得勤，所以我们的关系就像朋友一样。

恐惧和老师沟通是正常的，只要你勇敢迈出一两步，你会发现这件事没有那么难，能力可以积累在自己身上。面对学习时，脸皮厚些绝对是好事情。

## 遇到不喜欢的老师怎么办

讨厌老师很大概率会导致偏科。研究表明，人在讲话的时候，听众能够接受和理解的信息有7%来自字面，38%来自语调，而55%来自视觉，例如表情、手势等。所以，一旦你讨厌某个老师，就会严重影响信息的视觉接收，很难再把他作为一个知识载体客观地看待，无法理性地吸收他传递出来的知识，很容易影响学习成绩以及学习情绪。

每个人都可能遇到不喜欢的或者是无法向上管理的老师，这是很正常的。如果和老师发生了小摩擦、小冲突，可以试着敞开心扉，和老师聊聊，或者让第三方，例如其他老师或家长，帮你们沟通和协调。

## 拒绝内卷，友谊学业双丰收

### 把同学当对手会徒增内卷压力

提到学习压力，很多人第一时间会想到的就是同辈压力。不论你是在学校里为了获得好的成绩而学习，抑或是走进职场，为了获得更高的职位而学习，竞争都无处不在。有竞争就有对手，有对手就有压力。但你有没有想过，"对手"是由谁定义的呢？

我在读书期间，最讨厌父母在我面前说："××的孩子成绩多好，多优秀，多听话。"老师也会告诉我们："高考就是千军万马过独木桥，能过去就能成功，过不去就会掉在河里，就会被淘汰。"这些话无时无刻不在暗示我们学习离不开竞争。

学习一定有结果，也一定会有比较，和你同一届的学生天生就是你的竞争对手。所以，即便坐在教室里，抬头看着周围和你一起努力的人，你都觉得紧张，因为他们不是你的同伴，而是你的对手，他努力一点，就等于你在退步。这种考核体系就像是一种零和博弈，我多一点他就会少一点，他多一点我就会少一点。所以，学校里经常出现学生之间不愿意互帮互助的情况，大家都想着超过自己的同学，同学变为了"同争"。

进入教育行业之后，我最讨厌的一句广告词就是："你来，我培养你的孩子；你不来，我培养你孩子的对手。"曾经饱受同辈压力的一部分人，进入了这个行业后，也开始用同样的方式强化竞争、贩卖焦虑，让家长和孩子提心吊胆。

我刚进高一重点班时，发生了一个很有趣的现象：班上一部分同学开始争抢用课间休息的10分钟时间来学习，后来以他们为中心，周围的同学也开始用课间10分钟学习，埋头写作业，上卫生间都掐着表。一段时间之后，整个班的同学课间都不再休息，每到下课时间，班上都鸦雀无声。

大学之后，身边的同学都忙着考取各种证书。我问他们为什么要考，很多人给我的回答是因为大家都在考，应该有用，所以自己也考。我没有参与到考证的竞争中去，因为我忙于准备去牛津大学交流的资料。直到今天我也没有发现这些证书的缺失对我的发展造成了什么影响，但是有很多人因为担心自己落后，盲目地考了很多看似有用的证书。

## 保持自我清醒，勇于挑战集体潜意识

优质教育资源的稀缺，职业教育分流较晚，教育评价体系单一，都导致了学生们在学习上存在高度一体化的竞争。从小学到高中，拿高分就是学生群体的集体潜意识；进入大学之后，努力提升能力，找一份高薪工作也是大家的集体潜意识。所以，当你发现别人都在做一件看似体现集体潜意识的事情而你却没做的时候，就会不自觉地恐慌，害怕掉队，以至于做很多从众的事情，甚至来不及思考这件事对自己的发展是否有益。

长时间地连续学习，甚至放弃课间休息时间，一定会影响上课效率。上课无法集中注意力，课外再花时间补习知识，绝对是个恶性循环。学习最努力的人往往不是成绩最好的，因为透支了过多的精力而得不偿失。

内卷类似博弈论中的囚徒困境，是一种个体付出更多努力，却难以获得实际增益的非理性竞争。当被内卷的时候，你需要暂停一下，判断自己的目标和所谓的社会标准是否统一，不要盲目从众，花费时间做别人认为你该做的事情，这样反而耽误了自己。

## 费曼学习法的最佳应用

和自己比较，不把周围同学当作竞争对手，不仅能减弱你的同辈压力，不容易进入内卷的旋涡，还能帮你收获高质量的友情。以高考为例，你的同班同学，甚至是同年级的同学，和全省几百万考生比起来，基数太小，排名和你靠近的对手大都在你看不见的地方。而你和你的同班同学背景相似，接受的教育相似，如果不互帮互助，还要"窝里斗"，怎么和其他人竞争？

长大之后你会发现，拥有相似背景的同学永远是你人生的宝贵财富，所以不需要尔虞我诈，钩心斗角，猜忌某人是不是藏了复习题，是不是学习时间更长，是不是偷偷请了家教。只要团结，互帮互助，营造良好的学习氛围，你们就能跑赢其他人。

学习需要同伴支持，赠人玫瑰，手有余香。成绩好的同学不必担心自己给别人讲题讲懂了，别人会超过你。我们都知道，费曼学习法是非常经典的高效学习法则，费曼学习法最简单、最有效的使用方式就是给同学讲题，同学学会了，你自己对知识点的理解也会更加深刻。我在读书期间非常乐于给同学讲题，"教会徒弟，饿死师傅"的情况并没有出现过，反倒能帮我收获友谊。格局越大，心胸越开阔，你的收获会越多。

## 学习的群聚效应

同学，顾名思义是和你一起学习的人，他们也是你学习环境的组成要素之一。学习环境有多重要，孟母三迁的故事已经说得很明白了。用心观察你会发现，学习存在一定的群聚效应，所以在择友这件事情上，要先做加法，再做减法。如果你的成绩差，你可以看看你朋友的成绩如何。

"Show me your friends, I will show you your future!"你的朋友影响着你的未来。尤其是在大学，这种现象尤其明显。

在网上随便搜索一下，你会发现各个大学都有自己的学霸宿舍，"扬州大学学霸宿舍全宿舍保研""中南大学学霸宿舍全宿舍保研""哈工大学霸宿舍全宿舍保研""中国矿业大学学霸宿舍全宿舍保研"等新闻并不稀奇。自律是会互相影响的，学习方法是可复制的，良好的学习氛围使得同一宿舍的学生能够相互促进，最后大家都能取得很好的成绩，实现各自的目标。

其实不光是宿舍，好友和情侣间也是如此。大学期间，我的一位同学交了一个清华的男朋友，约会时，经常带她去图书馆自习，最后他硬生生地把女朋友的成绩提高了大一截。毕业后，二人双双去了斯坦福大学读研。

反之。如果好友圈里或者一个宿舍里面有个特别爱玩的同学，那他就能把整个宿舍都带得爱玩，以致期末考试常常整个宿舍全军覆没。我有个大学同学，进校成绩名列前茅，但是不巧他有个非常爱玩的舍友，经常请大家去网吧和烧烤店通宵，甚至有一次，全宿舍一起逃了一个月的课。最后，这位进校成绩名列前茅的同学大一就挂了好几门课，直接失去了保研的机会。

## "别人家的孩子"是只纸老虎

我们在学习和成长过程中经常会听到父母夸奖"别人家的孩子",百度百科甚至把别人家的孩子定义为一种永远不能被超越的生物。

"别人家的孩子"其实是个纸老虎,是不真实的,是父母脑海中想象的生物,类似某种图腾,象征着父母的希望。这种图腾组合了父母眼里所有孩子的优点,也集中了所有我们不具备的优势。

其实,每当父母或者老师在我们面前夸赞别人的优秀,提醒我们的不足,都会给我们带来消极负面的心理暗示。心理学中的罗森塔尔效应指出,当其他人,尤其是自己信任或有权威的人对自己某一方面的能力进行了负面评价,当我们产生负面的自我暗示后,心里会不断强化并接受这种暗示,从而在这一方面产生对方期待的结果。简单来说,如果你的父母天天说你傻,一段时间后,你真的会变傻。如果父母总是批评你,用负面的语言暗示你,你可以让他们看看这个心理学效应。

很多时候,我们的父母和亲人称赞别人,或者是我们把目光投向其他比自己更优秀的人，会让我们有意无意地忽略对方的缺点，让自己更容易产生自卑、焦虑以及自我否定等情绪。世界上没有一个人是完美无瑕的，父母也好，你自己也罢，都不需要拿一个集合了所有孩子优点的假想敌来"激励"你，你应该清楚的是每个人都有自己的优势和特长。同时，立足于这个社会，你不需要当一个在每个方面都保持优秀的全优生，你只需要有一两个长处就可以了。从创造社会价值、获得成功的角度来说，扬长比避短更重要。

教育是一套组合拳，除了自身的能力、学习的态度之外，成长环境、资源、父母等因素也起到了至关重要的作用。所以当看到别人比你优秀的时候，请你不要把他作为你的直接竞争对手，因为这完全不具备任何的可比性。就像做实验一样，实验组和对照组在其他条件不变的情况下，调整变量才能准确得出该变量对结果的影响。而人与人相比，不可控的外部因素太多，为了不给自己徒增心理压力，也为了不去错误地评判自己，自己和自己比较才是最客观的，也是最有意义的。

羽生结弦是一位非常著名的日本花滑选手，曾六次获得日本花滑锦标赛冠军，两届冬季奥运会冠军。他不仅实力超群，在全球也有着超高的人气。我个人非常欣赏他，尤其是他的竞技精神。每次比赛结束，不论自己是否夺冠，他对竞争对手的态度都非常友善，不仅会用中文鼓励中国选手，还帮对手调整国旗方向，甚至与对手意外相撞导致比赛失利，也会主动前去道歉，央视主持人曾对羽生结弦有一句非常经典的解说词，让我记忆犹新：

一个人最伟大的不是超越别人，而是超越自己。

超越自己不是顶尖人才的专利，而是一种竞争思维。只有着眼于当下，聚焦于自己，你才能获得更多的成长。

此外，你需要知道，持续地超越自己比超越周围人更难。古往今来优秀的人都是能持续不断超越自己的人，以此与你共勉。

## 03

第三章

**培养学习自驱力，**
学到不想停

## 如何找到学习动力

现在，请你排除一切外在干扰，真诚地回答一个问题：我为什么要学习？（请安静思考2分钟）

有答案了吗？如果你没有答案或者答案不清晰，希望本节内容能帮到想要努力却找不到学习动力的你。

在学习生涯中，我经常被别人问的问题就是："你为什么喜欢学习？""你为什么这么努力学习？"很多人在遇到自己欣赏或者敬佩的人时，也经常问他/她类似的问题："你为什么这么拼？""你为什么会想做这件事情？""你为什么能坚持这么久？"某种程度上，提问者会觉得了解这个人做事情的动机、努力的缘由，就好像找到了成功的心法和秘诀，自己可以学习或复制他的成功。

遗憾的是，每一个人努力的原因通常都不同，能激励别人前进的因素可能对你起不到丝毫作用。例如好好读书，找到好工作，有光明的前途或"钱途"是很多人学习的动力，但这个理由能激励你吗？大多数情况下，只有赚不到钱或者找不到好工作的时候，我们才会懊悔没有好好学习，但是这个原因却很难持续地激励你在学习过程中一直努力。

## 寻找适合自己的学习动力

在这里，我想和大家分享我的学习动力。我曾是个非常讨厌学习的人，小学时成绩很差。小升初考试时，市里的初中我全考了一遍，但一所都没有考上，最后只能读县里的普通初中。

上了初中，我开始奋发图强。每天早上5点就起床读书学习，初一的上学期从班级下游考到了班级第三，初一的下学期考到了年级第一，此后一直保持年级第一，直到初三毕业。中考时，我以全县第一的成绩成为市里几所重点高中争抢的优等生。

为什么我突然发愤图强，喜欢学习了呢？其实是一件事的发生，让我有了传说中"一夜长大"的感觉。

小升初考试后，有一次我和妈妈出去，遇到了某位亲戚。这位亲戚是大学毕业，孩子成绩也不错。听说我一所市里中学都没有考上，只能在县城读初中，他冷冷地说了一句："什么样的家庭就会教出什么样的孩子。"虽然我父母的文化水平不高，但是这样的评价无疑太伤人。我躲在我妈身后，看着她抬不起头的样子，我的自尊心被深深刺痛了，我也是第一次感受到了世态炎凉。后来，爸妈也因是否要给我交择校费，送我去更好一些的学校而争吵不断。我自己不想交高额择校费，也不想托关系走后门，但父母又担心县城中学教育资源不好，以后更没有出路。

经过那段时间内外的"洗礼"，我突然意识到原来成绩好坏不仅和我自己相关，还关系着爸妈的脸面和家庭的和谐。我可以忍受被嘲讽，但是让爸妈因我被别人看不起使我很难原谅自己。不想父母被人看不起，是我当时立志改变、好好学习的动力，当时我还很幼稚地把"人争一口气，佛争一炷香"这句话贴在了书桌上，想着无论如何也要超过那个亲戚的孩子。现在回头看，觉得自己当时傻乎乎的，但是确实是这股劲一直支持着我，一步步从班级下游成为年级第一。

决心努力学习后，我去图书馆借阅了很多图书，突然发现自己的世界很小。四川是个盆地，我的家乡更是被群山围绕，我开始憧憬和向往外面的世界，特别希望能够走出去看一看。我开始更加努力，下一个动力的来源就是走出大凉山，去四川以外的地方。高考失利后，周围的亲戚都劝我不要离家太远，但因为学习的动力，我仍然填报了离家最远的北京，去北京交通大学就读。因为我觉得北京是中国的首都，是最能代表我们国家的地方，所以我想要去看一看。

上大学之后我发现自己和周围的同学相比，不论是家境还是个人能力都差得特别远，我开始自我否定和怀疑，整个大一过得非常迷茫和痛苦。后来我意识到，他们目前具备的优势都是通过学习得到的。我没有接触过，所以学得慢，但并不代表我不行。所以我调整了心态，不再恐慌，开始有意识地补差提升，向周围优秀的人看齐。后来，我萌生了上北大和去海外留学的想法，经过大学期间的努力，我被保送到北京大学光华学院读博，也顺利获得国家留学基金委全额奖学金，去美国哥伦比亚大学商学院接受联合培养。

以上是我在三个不同的求学阶段最真实的学习动机，而让我能够持续努力的更深层原因是我的成长经历。

成长经历告诉我，在没有背景和难以获得外界帮助的情况下，学习算是一条相对公平的路径。当你的眼前只有一条路，你的步履自然会坚定。多年之后，回头看曾经不尽如人意的环境，我都心怀感恩，因为看似没有捷径可走的路，有时却也是最好的一条路。

每个人的境遇和经历迥异，对于学习动力，千人有千因。每个人想解决的主要矛盾不同，所渴求的东西也不同，所以能激励你的动力肯定也是不同的。

有位编导姐姐在邀请我上节目的时候了解了我的学习经历，她非常好奇，于是问了我一个问题："走出家乡对当时的你来说真的那么重要吗？"我问她："您是哪里人？"她回答道："我是上海人。"作为一个微信头像是坐在法拉利里自拍的上海姑娘，她很难理解我所说的想要改变自己的生活要靠好好读书，因为这个逻辑在她的世界里是不存在的，所以她礼貌地表达了自己的困惑。我问她："你家境应该很好，为什么要做编导呢？做节目经常熬夜也很辛苦。"她说："因为我不想让别人觉得我靠父母，所以我要在自己喜欢的领域里做出些成绩。"我回答她："我当时的心境和现在的你一样。"

故事讲完了，现在来聊聊怎么帮你找到你自己的学习动力。

## 学习自驱力公式

美国心理学家德西（Deci Edward L.）和瑞安（Ryan Richard M.）等人提出的"自我决定理论"认为，人有三种基本的心理需求：自主性（autonomy）、胜任感（competence）和归属感（relatedness）。当这三种心理需求被满足的时候，内在动机就能被激发，将非自我决定的事情转变为自我决定，例如把"父母要求你在学校好好学习"转变为"自己决定要在学校好好学习"，你的关注点将从外部的奖赏转移至自己的兴趣点和内心的满足感上。

"自我决定理论"为评估学习者的学习动机提供了较为系统的方法，并指出自驱力、内在需求和情绪这三种动机会相互影响。

结合上述理论和我的个人经验，我认为学习自驱力主要是由主动需求、价值感和情绪所组成的，公式是：

**学习自驱力 = 主动需求 + 价值感 + 情绪**

主动需求是指发自内心地认为学习的过程或结果能满足自己某方面的需求，是一个自主过程。例如，你非常坚定地认为高考、考研的结果能让自己在下一阶段的求学过程中获得更多选择，或是你喜欢学习，相信学习能让自己更聪明。

价值感是指学习的过程给自己带来的价值反馈。如果你认为自己学到了东西或者产生了进步，从而认可自己在学习这件事上的能力，就拥有了在学习上的自信，这时就会产生正向的价值感。如果由于学习退步，产生了对自身学习能力的怀疑，这时价值感就是负的，就会降低学习自驱力。

情绪指的是在学习过程中产生的多种情绪。因为满足了兴趣、实现了挑战而产生的诸如开心、兴奋、满足感等情绪，是正面情绪，会提高学习自驱力。而如果你讨厌任课教师，讨厌同学，觉得学习过程很无聊，有畏难情绪，这时候情绪值就是负的，会降低学习自驱力。

例如，小明每次考试父母都给他设立相应的目标和外在的物质激励，班级排名每进步一名就奖励他100块钱，每次期末达到目标就满足他一个心愿。这使得小明都是为了每次考试后拿到父母的奖励才努力学习的，后来他家的家境越来越好，想要的东西平常也能买到，就没有动力再继续学习了，于是开始退步。老师和父母看到小明这样的状态经常批评他，他感到失落，觉得自己不够聪明，不是学习的料，在学习上无法获得正向的价值感。到后来，小明一翻开课本，一考试就心烦、厌恶，成绩变得越来越差。

而小红在初中时迷上了日本动漫，慢慢萌生了未来从事动漫相关工作的想法。她主动和父母沟通去日本留学的想法，父母表示非常支持。为了去日本留学，小红开始努力学习文化课，并自学日语和绘画。她通过论坛认识了在日本留学的师兄师姐，远程参与了一些动漫项目的工作，看着自己设计的动漫人物出现在屏幕上，小红越来越自信，不论是学习文化课还是学习日语和绘画都越来越有动力。

这两个人的主动需求、价值感和情绪三个因素，对学习自驱力产生了截然相反的影响。小明的学习目标设置和激励都是外在的，是父母的要求和期待；他获得好成绩后得到正向价值感是物质和金钱激励带来的；对学习的情绪由考试结果和父母的态度决定。这最终导致了小明要是考得好，得到父母鼓励就喜欢学习；考得不好，被父母批评就讨厌学习。而小红的目标是结合自身兴趣主动产生的，从"我喜欢"到"我想学"。在学习的过程中，不论是面对的挑战还是获得的进步，都让她在这个学习领域里获得了正向的价值感，越来越相信自己能够学好。同时她在遇到困难、克服困难的过程中产生了愉悦、满足等正向情绪，因此形成了高水平的学习自驱力。

如果你无法找到自己学习的动力，也可以根据自己的兴趣方向，通过网络和图书多了解一些自己感兴趣的领域，再聚焦到特定的行业或目标上。

高中以后，你的认知能力已经比较成熟了，这时的学习动力以"主动需求"为主，情绪为辅，需要关注的是训练情绪的稳定性，也就是不要让坏情绪影响自己的学习状态和学习兴趣。

同时建议大家尽早将学习动力和未来职业相结合，越早确定职业方向的人准备得就越充分，就业时也越容易找到适合的岗位，避免所学非所用的尴尬处境。

## 寻找长期学习动机

很多时候，学习任务是家长、老师、学校和教育制度布置的硬性任务，如果想要获得持久的学习自驱力，你需要接受这一事实，并将外部的学习要求和自己的主观需求关联起来。**把老师父母要你学变为自己因为××而要学，结合主观需求完成从"要我学"到"我要学"的转变，**

而这个原因最好与你的长期发展有关。

很多人的学习目的较为功利，例如因升学、考试、求职等短期需求而学习。但随着时间的推移，当短期需求实现或者失败后，自觉空虚茫然，需要寻找下一个短期需求，这个短期需求结束之后再寻找下一个短期需求。为了避免短期需求结束后的空虚，让学习自驱力具有可持续性，建议大家**寻找长期的学习动机，用长期动机和短期目标结合的方式持续激励自己。**

已经90多岁的管理学大师查尔斯·汉迪（Charles Handy）总结了自己的人生经验，并撰写了《成长第二曲线》（*21 Letters on Life and Its Challenges*）一书，书中提道："人生是一场马拉松长跑而不是赛马，在漫长的拼搏过程中，你需要和自己比较，你该享受的是乐趣而不是速度，只要跑完全程就是赢家。"

用长短结合的方式制定自己的目标，不仅有助于你实现伟大的目标，也不会给自己太大的压力，或导致自己对学习太过于功利主义和短视。

对于处在九年义务教育阶段却不太喜欢学习的同学，我要告诉你们一个残酷的事实——从小学到初中，学习是你必须做的事情，不论你喜不喜欢。所以，面对学习，最好秉持"干一行，爱一行"的精神，努力让自己爱上它。对于年纪较小的同学来说，大脑中影响情绪的那部分占据主导地位，所以他们的学习自驱力公式可以简化为：

**学习自驱力 = 价值感 + 情绪**

处于这一阶段的同学需要通过老师、父母的引导和自我探索来发现和培养学习兴趣。兴趣能够提升学习的价值感，调动学习的正向情绪。所以对于低龄的同学而言，兴趣一定是最好的老师。

在学习过程中，你可以尝试多读些与学科相关的有趣、好玩的课外读物，放大学科的美。同时，要经常通过积极的心理暗示，如"我可以，我能行"等肯定句式来增强自信心，提升学习的价值感。

如果你已经在初中阶段，认知体系在逐渐成熟，我建议你可以开始尝试寻找自己的主动学习需求，思考"我因为××而要学习"的答案。

## 代入法：提高学习情绪体验

有一个有助于培养学习自驱力的方法叫"代入法"，即将学习过程代入特定的情景，赋予学习过程新的情绪体验，从而提高学习自驱力。

最简单的代入法是多看名人传记，找到自己欣赏或者想要成为的"学习"的榜样。不建议大家选择天才型的成功人士（如中途辍学、成功创业的天才选手），而要选择起点和资质更接近普通人，成功过程中经历过较多挑战的人。他们的故事和行为习惯会潜移默化地影响你，提高你在学习时获得的价值感，让你有一种在向偶像靠近的感觉，即便遇到困难和阻碍，情绪上也能更好自控。

我在小学、初中阶段最崇拜的人就是居里夫人。每次我知道自己应该写作业，但妹妹拉着我玩时，我都会想起居里夫人。她小时候学习时，即使有人在她身后推椅子，她仍然能专注于自己的功课。于是我果断拒绝妹妹的邀约，再以居里夫人似的专注姿态开始学习。

网络上很流行的"公主学习法"使用的就是这一原理。这个原理就是将自己代入某个特定角色，用模仿角色行为的方式改变自己原有的学习状态，很多学生都表示这个方法非常有用。

你也可以试试代入法，将学习过程代入特定的情景，为学习的过程赋予新的感受，提升学习的价值感和情绪体验，从而提高学习自驱力。

# 如何规划你的未来

## 人生坐标图：前置思考学习的影响

《成长第二曲线》一书中指出，个人或者组织（企业、政府）的成长曲线很像S形，因为存在学习和投资等阶段，所以曲线形态是先降低再上升，达到峰值后再下降。

普通的人或组织一生可能是一个S，但是优秀的人或组织会开辟自己的第二甚至是第三曲线，从而让自己的人生更加丰满。例如，学绘画的Nancy在本科毕业后成为一位优秀的插画师，后来开始学习写作，结合绘画和写作又成了一名漫画家。

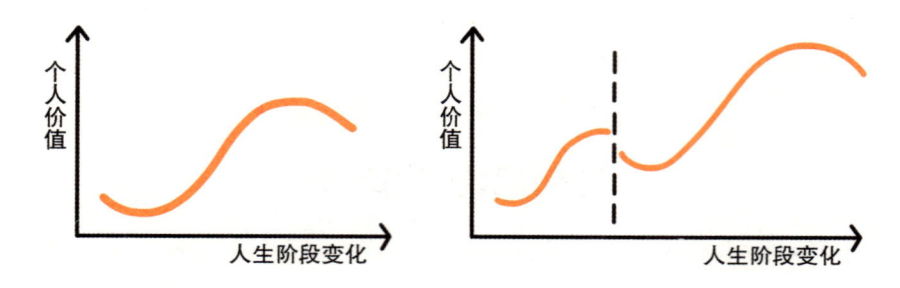

**成长第二曲线**

我将成长第二曲线理论、学习周期以及学习对不同人生阶段的影响三个因素结合，绘制成下图。图中标注的成果是通过努力学习可能获得的，也是没有努力学习可能会失去的。你可以根据自己当前的情况，从得到和失去两个角度思考学习可以在哪些方面满足你的内在需求。

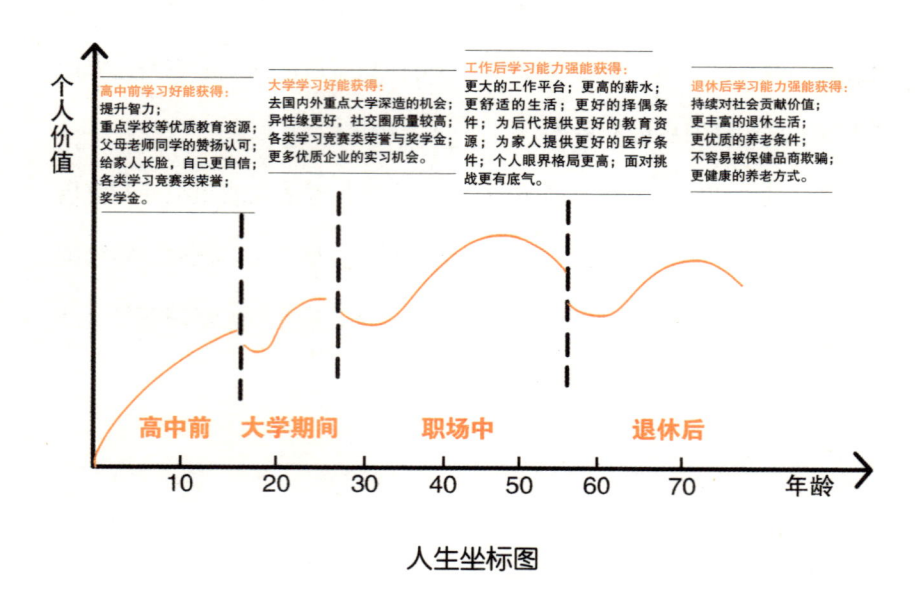

**高中前学习好能获得：**
提升智力；
重点学校等优质教育资源；
父母老师同学的赞扬认可；
给家人长脸，自己更自信；
各类学习竞赛类荣誉；
奖学金。

**大学学习好能获得：**
去国内外重点大学深造的机会；
异性缘更好，社交圈质量较高；
各类学习竞赛类荣誉与奖学金；
更多优质企业的实习机会。

**工作后学习能力强能获得：**
更大的工作平台；更高的薪水；更舒适的生活；更好的择偶条件；为后代提供更好的教育资源；为家人提供更好的医疗条件；个人眼界格局更高；面对挑战更有底气。

**退休后学习能力强能获得：**
持续对社会贡献价值；
更丰富的退休生活；
更优质的养老条件；
不容易被保健品商欺骗；
更健康的养老方式。

高中前　大学期间　职场中　退休后

**人生坐标图**

人生坐标图是从得到和失去这两个角度帮你前置思考学习给人生带来的影响。例如，努力学习就有更多的机会获得好的学习资源、工作机会和更优质的生活，等等。反之，若是不学习或者学习不够努力，也会容易失去这些东西。

我的一位北大师兄，从小学习就非常认真，即便在人才济济的北大，期末考试也常常位列专业前列，是名副其实的"学神"级人物。我曾问过他如此好学是为了享受学习的过程，还是为了在专业领域有所建树，想了解他学习的"主动需求"在哪里。他的答案让我始料未及，他说："人丑就要多读书。"

从高中开始，他就发觉自己身高不高，长相不佳，觉得很自卑。班上所有女生都不拿正眼看他，他也送不出自己的"小字条"。他的哥哥也是类似的情况，30岁了也没有谈过恋爱。所以，他努力学习的主动需求就是在未来获得更多的择偶权。别不相信，他只是通过哥哥前置了解了未来可能出现的危机，所以找到了自己的主动需求，从此开始了"为媳妇奋斗"的道路。

很多人只有在面临择偶困难或要承担家庭责任的时候才后悔自己没有好好学习，而学长及早苏醒的意识给了他学习自驱力。正因如此，外表普通却年年拿奖学金的他收获了很多学妹的"小字条"，同时他也因优异的成绩获得了很多额外的收获。

另外还有一个真实的案例。在我的家乡凉山州有一位叫作阿勒拉哈的终身学习者，他的父母都是彝族农民，他们一家都住在凉山州昭觉县的一个村子里。从未上过幼儿园和学前班的他，童年最深的记忆就是去山上放羊砍柴。直到 7 岁，他进入乡村小学开始学习，后来考上了专科学校，用了 18 年走出了彝家山寨。此后，他仍把努力当作人生的常态。工作后，他在公司的资助下攻读了工商管理硕士学位，2017 年前往美国得克萨斯 A&M 大学攻读博士，2022 年博士毕业拿到了世界顶级的大学博士后录取通知，攻读智能医疗方向。

阿勒拉哈是一个学习能力和意志力非常强的人，他的成功得益于持续不断的努力。即便起点很低，但人生不设限。他的人生路径就是一条不断叠加的 S 曲线，而他的学习自驱力是想要不断突破自己，给家人带去更好的生活。

## 未来画像：用人生灯塔指出前进方向

如果你是一个得失心不重，物质条件比较充裕，或者相比于外界的评价和标准更在意自我成长的人，你可以通过另外一种方式来寻找自己的学习动力。

在揭晓这一方法前，请你用一分钟的时间思考一个问题：

你想要成为一个什么样的人？ Who do you want to be?

通过明确自己未来想要成为的样子，可以激发自己的学习或生活动力。因为，学习是让我们成为自己的必要途径。

2022年北京冬奥会，两位非常优秀的滑雪运动员——谷爱凌和苏翊鸣成了整个冬季赛事亮眼的明星，也是很多家长和同学羡慕的对象。通过他们俩的访谈记录，我发现他们很早就对自己的人生有了非常清晰的画像。

谷爱凌在6岁的时候就确定了考上斯坦福大学的目标，并且一直向着这个目标靠近。2015年，北京冬奥会申奥成功，未满12岁的她在北京对妈妈说："等冬奥会的时候，让大家都来北京看我。"可见谷爱凌从小就对未来的自己有着非常清晰的规划，更难能可贵的是，她在向着未来的自己靠近的过程中遭遇了各种艰难险阻，但从未有丝毫妥协。2022年，18岁的她不仅如愿以偿拿到了奥运会冠军，还提前一年从高中毕业，拿到了斯坦福大学的录取通知书。

苏翊鸣从4岁开始学习滑雪，从业余滑雪到14岁进入国家队，他认定自己一定要拿到奥运冠军。为此他一年训练超过300天，每天都非常刻苦，滑雪场的工作人员都说他的训练时间基本是其他运动员的两倍。苏翊鸣在采访中说："这么多年来，我一直在尽自己最大的可能去追求自己的目标。我想对所有的后辈和年轻人说，只要你一直努力，永远不要放弃，相信自己，你的梦想就一定会回应你的。"

两位冠军在训练和参加比赛时经常提到的一句话是"我很喜欢滑雪，我非常享受这个过程"。其实他们享受的不只是成功，还包括在不断的失败中挑战自我的感觉。如果你的学习和生活屡屡受挫，其实可以看看他们的训练视频，失败对他们来说是太过平常的事情。正因为有了上百次的跌倒，才换来了奥运赛场上完美的一跃。

前置畅想未来的可能，及早明确"我是谁""我要成为谁"，是点燃学习动力和奋斗热情的非常有效的方式。找准目标，充满信心，努力向前，就可以尽情享受不断学习并向目标靠近的过程。

俗话说，"机会总是留给有准备的人"。然而，只有明确自己想要成为什么样的人，才能分辨哪些是你需要的机会。很多时候我们会错失机会，例如某一重要比赛失误了，重要考试（如中／高考）失败了，错过了重要工作，这些事情的发生并不是因为你能力不够，而是因为你没有意识到这个机会对自己的人生这么重要，所以没有付出足够的努力。

如果你没有明确的学习或者生活动力，请你现从在开始构思自己的未来画像，把未来"成为更好的自己"作为自己的学习动力和奋斗方向，从此，为你的人生建造一座灯塔，照亮前行的方向。

## 三T未来画像

三T未来画像由三幅画像组成。

第1幅：三年（Three years later）——进步画像

第2幅：十年（Ten years later）——目标画像

第3幅：三十年（Thirty years later）——价值画像

画像描绘时间由近及远，从三年、十年到三十年。以现在的时间为起点，去思考未来那个时间点的自己。

在构想未来画像时建议从自己的现状、能力和品格三个维度来思考。同时，这也意味着你从现状、能力和品格三个维度为自己的奋斗方向提出了规划和目标。

未来那个时间点的自己在做什么或做成了什么？（描述现状）

未来那个时间点的自己具备了哪些能力？（描述能力）

未来那个时间点的自己具备什么样的品格？（描述品格）

优先构思自己三年后的进步画像。该画像距离现在时间最短，让你从现在开始改变自己当前的缺点，调整学习或生活中不满意的地方。思考自己十年后的目标画像时，可以参考自己的短期人生目标，或者向自己生活或学习上的榜样看齐。对于三十年后的价值画像，你可以大胆畅想，将自己的人生理想和社会价值结合起来。目标可以设立得远大一些，毕竟大志中得，中志小得，小志不得。

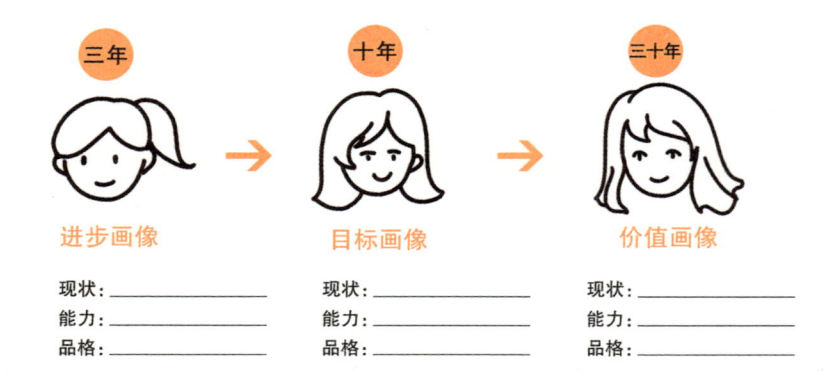

| 三年 | 十年 | 三十年 |
|---|---|---|
| 进步画像 | 目标画像 | 价值画像 |
| 现状：＿＿＿＿＿ | 现状：＿＿＿＿＿ | 现状：＿＿＿＿＿ |
| 能力：＿＿＿＿＿ | 能力：＿＿＿＿＿ | 能力：＿＿＿＿＿ |
| 品格：＿＿＿＿＿ | 品格：＿＿＿＿＿ | 品格：＿＿＿＿＿ |

**未来画像**

你可以把三 T 未来画像放在日记本里，或者拍照存在手机、电脑里面，也可以把它贴在书桌前。不论是以何种方式存放，如果想要有学习动力，你都需要经常回想自己的画像，并在生活和学习过程当中努力向着"自己"靠近。而你从此也就有了主动学习需求，是为了成为更好的自己而学习。每一年结束的时候，你可以把这三幅画像拿出来对标当前的学习和生活状况，并适当地进行动态调整。

你要相信，一旦你开始前置思考和规划自己的人生，畅想自己未来的样子，思考自己的目标和理想，你的学习和生活自然就有了动力，同时你也会更加清晰地判断人生当中的重要选择，你也就不再会因为复习的时候有人找你看电影而困扰。让你靠近未来画像的事情就该做，让你远离未来画像的事情就该停，你的判断标准会变得非常简单高效。

现在，请你拿出一张 A4 纸，来描绘你的未来画像吧。

## 兴趣是可以培养的

很多人会说："我好像对什么领域都没有兴趣。"但其实，兴趣是可以后天培养的，就像施一公教授说的："没有兴趣，就培养兴趣！"

我一直认为简单有效的挖掘学习兴趣的方式是**"广泛阅读＋聚焦探索"**。这里的阅读指的是广义阅读，包含了纸质图书、电子资料、视频资料等（但是要注意阅读是有意识地去拓展自己的视野，不是指盲目地玩手机等娱乐行为）。再结合聚焦探索，例如尝试做数学题、写作、绘画、编程等具体方式来确定自己在这一领域是否能感受到乐趣。

此外"学习杠杆"也是一个较好的方式。不论你对学习多不感兴趣，你总有喜欢的东西。**"学习杠杆"的原理是用喜欢的东西去撬动不喜欢的东西，用已知的知识去探索未知。**

给我一个支点，我能学会所有，这个支点就是兴趣。如果你喜欢玩游戏，喜欢编程，但是不喜欢英语，你可以看英文版的编程书，观摩或参加国际机器人比赛；如果你喜欢地理但不喜欢生物，你可以通过研学游、夏令营、游览生物博物馆等方式，了解不同地域环境的动植物特点；

如果你喜欢语文但不喜欢数学，你可以看数学家的传记电影和相关趣味读物，了解数学如何与现实结合，了解数学家眼中数学的美……努力尝试去寻找自己的兴趣领域和恐惧或厌恶领域的交集，通过广泛阅读和聚焦探索之后，迁移兴趣，扩大兴趣圈。

我将关键点都总结在了下面这张表里，如果你觉得上述内容略显冗长和枯燥，那么可以对照下表找到学习自驱力。

### 学习自驱力指南表

| | | |
|---|---|---|
| 核心 | 将外部学习要求与自己的主观需求关联起来<br>把"要我学"变为"我因××要学" ||
| 年龄 | 0~15岁（初中及以下） | 16岁以上（高中及成人） |
| 公式 | 学习自驱力＝情绪＋价值感 | 学习自驱力＝主动需求＋价值感＋情绪 |
| 公式核心 | 情绪（结合兴趣，学得开心最重要） | 清晰的主动需求，长期、短期结合制定目标 |
| 后续重点 | 通过老师和家长引导，挖掘出"主动需求" | 价值感＋情绪 |
| 人生坐标得失 | 打破当前年龄界限，从得失两个方面思考学习与自己人生的关系。 ||
| 未来画像 | 规划自己三年/十年/三十年的人生画像，前置思考自己的目标和理想。 ||
| 价值感 | 设定合适的学习难度，肯定能力、培养学习自信力。 | 放大成功时的成就感，遇到挫折时多自我肯定 |
| 情绪 | 学习内容结合兴趣，多用提问方式激发好奇心、求知欲，多鼓励、赞扬学习过程，不要过度关注结果。 ||
| 阅读法 | 阅读是最简单且最有效的培养学习兴趣、发现学习需求的方式；根据兴趣博览群书，先做加法，再聚焦于某一领域深度钻研。 ||

续表

| | | |
|---|---|---|
| 代入法 | 寻找特定学习环境，转变学习心态；或者寻找一个学习的榜样，代入榜样的角色，学习榜样的学习状态。 | |
| 学习杠杆 | 用喜欢的东西去撬动不喜欢的东西，用已知的知识去探索未知。 | |
| 注意事项 | 1. 这阶段学习自驱力的培养需要家长、老师的协助。<br><br>2. 引导孩子享受学习过程，不宜设置过多外部激励。<br><br>3. 通过活动、比赛等设定阶段性小目标。<br><br>4. 引导孩子寻找学习能够满足的内在需求。<br><br>5. 合理设置知识难度，让孩子有学习自信力。<br><br>6. 在失败和犯错时，就事论事，有效引导，不否定孩子的能力。<br><br>7. 给孩子自主性去探索自己喜欢的领域，用学习杠杆引导孩子去尝试自己不愿意接触的领域。<br><br>8. 培养好习惯，多关注学习过程而非学习结果，培养良好的学习习惯。<br><br>9. 引导孩子多提问，激发孩子的好奇心、培养求知欲。 | 1. 深度剖析和确定自己的主动需求，把"要我学"变为"我要学"。<br><br>2. 长短目标相结合，学习不要太过功利主义，得失心不要太重。<br><br>3. 关注学习过程中自己的进度和感受，不要过度追求结果，以免压力过大，要相信追求卓越成功会找上门来。<br><br>4. 不论什么年龄，都需要一个榜样。在迷茫的时候，想想榜样会怎么做。<br><br>5. 多进行自我肯定，尤其是面对失败和挫折的时候，培养学习的自信心。<br><br>6. 坚定自己的价值观和学习方法论，不要跟风。根据自己的学习状态动态适当调整，坚持才能看到效果。<br><br>7. 不要因为看到别人成功而焦虑，大器都是晚成的，给自己一点时间。 |

## 学习自驱力指南表应用

| | |
|---|---|
| **学习阶段** | 16岁（高一） |
| **学习需求我** | 我因为想考上同济大学，成为一名优秀的建筑设计师而学习。 |
| **短目标** | 高二进入年级前10名 |
| **价值感** | 充分相信自己的学习能力，遇到学习上的挫折和失败不退缩。数学是我最差劲的学科，我每天要先完成数学作业再做其他学科的作业。给自己制定循序渐进的考试目标，如果没达到，以后不能再哭或者怀疑自己的能力，分析原因，补齐知识点更重要。我英语很好，我相信数学可以和英语学得一样好。 |
| **情绪** | 每次课前、课后通过自我提问和找答案的方式，激发自己的兴趣。在家开始做较难的作业时，可以先听1～2首喜欢的歌曲，保持愉快的心情。遇到难题不要焦躁，转换成挑战思维，如果挑战失败，寻找"外援"——老师的帮助。因为其他事情难过悲伤的时候就先休息，等调整好情绪再学习。要告诉自己，学习是一件快乐的事情，要学会享受学习的过程。 |
| **阅读计划** | 最近3个月要读的书有：《中国建筑史》《古文观止》《文化苦旅》《棋王》《数字传奇——你所不知道的那些事儿》。 |
| **代入法** | 曾国藩先生是我学习的榜样，只要够努力，即使不是天赋异禀者也能成功。 |
| **阅读计划** | 对学习过程和理解过程进行复盘和纠偏，提出新问题看是否能够得到解答，如果无法解答重新进入步骤1，如果能够解答则该知识点的学习过程结束。 |

## 打造对抗颓废状态的学习环境场

你有没有想过，很多时候你无法快速地进入学习状态，或难以保持长时间的专注不是因为自身问题，而是学习环境的布置存在问题。比如，你是否会觉得在宿舍学习效率很低？课间或自习课同学过于吵闹，难以集中注意力？抑或你本来有自我提升的计划，想利用课余时间学习，但是回家后就会拿起手机看视频，很难从娱乐状态切换到学习状态，导致学习计划一推再推？

类似的情况也经常发生在我身上。大学有一次期末备考期间，我不仅每天早晨起不来床，学到一半还会忍不住跑到被窝里去，或者坐在床上学习，学一会儿就困了，干脆躺下睡觉。

当时我非常懊恼，考试迫在眉睫，为什么自己的学习意愿和学习效率都这么低，这么不自律？我复盘了自己的学习流程，才发现当时的天气特别冷，宿舍暖气不够，所以我不仅起不来床，还想盖着被子或者坐到床上。找出问题后，我果断把学习地点从宿舍转移到了图书馆，在图书馆找了一个安静而温暖的角落坐下后,我的学习效率当即提高了不少。

其实不光是学习,生活中的很多事情只要略微改变条件,就能大幅提升人群参与意愿。疫情期间,洗手是一件很重要的事情。调研显示,只要在卫生间洗手池引入热水,冬天人们洗手的频率就能显著提高。

虽然我们强调分析学习状态应该从主观原因下手,但有时客观原因也是不容忽视的。学习环境对学习状态的影响尤为明显,所以要学会为自己营造舒适的学习环境,书桌的布置、灯光、声音这些元素都需要考虑在内。

## 打造环境场,快速进入学习状态

为了让自己快速进入学习状态,心理学家陈海贤老师有一个非常好的建议——我们可以在家里、宿舍或学校为自己营造一个专门用来学习的环境场。这个环境场指的是一个特定的、只用来学习的空间,在这个专属空间内,你能够隔绝外界干扰,让自己快速进入良好的学习状态。

用固定的区域或固定的物品营造学习的固定氛围和仪式场所,以此作为自己学习开始的信号。你可以选择一个安静的区域(如书房、教室的一角),或者找一把舒适的椅子,或者更简单一点,寻找一些学习中要用到的小物品,例如一个阅读架、一盏台灯、一支笔。

当你准备开始学习的时候就坐在这个区域，或者拿起特定物品。这期间，请你保证不要做任何与学习无关的事情。如果学习过程中你要休息，稍微娱乐一番，请你离开这个位置或者放下特定物品。坚持2周左右，养成习惯后，每一次进入这个区域你的内心都会非常平静，也会更加专注。切记，在学习环境场内学习的过程中，不接受任何主动或被动的影响。若有重要影响出现，请起身离开去处理，不要在这一"场所"中做出任何学习以外的举动，尤其是玩手机这样的娱乐活动。

打造学习环境场还有一个关键要素，就是"去诱惑"，这是我当年从《哈佛女孩刘亦婷》这本书里学来的。刘亦婷学习的时候有一个特点，就是会提前去洗手间，不会带任何的零食等会打乱自己思绪和学习节奏的东西进房间。见贤思齐，看了那本书之后，我也开始学着把我最喜欢的零食拒之门外。对于臭美的我而言，我的诱惑除了零食、手机外，还有护肤品和小镜子，学习时我都会忍不住拿起小镜子东照西照。

自从我不在书桌上放任何可能会分散注意的东西（非学习类的让我感兴趣的所有东西），我的专注力提升了非常多。每当我感觉疲倦，学不下去，但是四周又没有什么可以玩或转移注意力的东西时，我会更容易回到学习状态。

后来去北大读博，做一些重要的文书工作时，例如写这本书的过程中，我都会把手机锁在抽屉里，把电脑的 Wi-Fi 关掉。相信我，在微信名后备注上"正在工作中，消息稍后回复"，脱离手机去工作和学习，你的效率能提高不少。

绝大多数情况下，没有什么消息是不能等到半个小时以后再回的，我一般会在 30～45 分钟的学习周期结束之后查看是否有重要消息。如果你的学习不能脱离手机、电脑及网络，建议你关闭所有社交娱乐软件的通知。我认识的一些考研上岸的同学，备考时直接把手机丢在宿舍。戒断的过程总是痛苦的，但要想实现目标，有时候对自己还是要狠一点。

### 闹环境与静环境

良好的学习环境是否必须是安静的？非也。长期处于安静的学习环境中，你的抗干扰能力会变弱，同时创造性思维也容易受到约束。结合学习环境场的概念以及声音对学习效率的影响，我通常会有意识地在"闹"与"静"两种学习环境中学习，在这里也把这一方法推荐给你。

60%～70% 的学习过程适合安静独立的学习环境，另外 30%～40% 的学习过程要有意识地让自己处于微喧闹的非独立学习环境中。

安静独立的学习环境适用于学习新知识、模拟应试及深度思考，安静的环境和独立的空间，能让你快速进入心流状态。但是生活中不可能所有的环境都非常适合学习，我们也需要有意识地在喧闹的环境中学习，以此锻炼自己在喧闹中集中注意力的能力。

初中时我偶然看到一篇记录了毛主席酷爱读书的文章，文中说他不分时间、场合，在任何场合下都能够读书。不论周围多吵，他都能非常专注，阅读速度快且质量高。我当时被这种能力震惊到了，学着在大课间、排队和学校的活动室看书，最开始很难集中注意力，经过一段时间的训练我也具备了屏蔽外界声音的能力。最典型的就是有一次隔壁班同学打架，班上很多同学都跑出去看，我同桌说整个班里只有我一个人还坐在座位上学习。

后来，我通过伊利诺伊大学的研究了解了闹环境的另外一个优势——在喧闹的环境中思考，更容易激发创造性思维。我曾经去过牛津大学、北京大学和哥伦比亚大学商学院的咖啡厅，这些地方都是人潮涌动的创意集散地，很多学生都喜欢在这种略微喧闹的环境里阅读和讨论。教室、办公室、咖啡厅等公共区域无法控制环境的吵闹度，但有利于提高我们对声音的耐受度和对喧闹环境的适应性。在相对吵闹的环境中刻意练习集中注意力的能力，将有助于专注力的提升和终生学习习惯的培养。

### 我打造的学习环境场

**安静独立的环境**

我的静环境一般是：教室或自习室的座位、自己的房间、在宿舍拉上窗帘的空间、相对固定的图书馆座位、博士期间的工位。

适合的学习内容：学习新知识、复习巩固、模拟考试、深度思考、系统记忆工作。

**喧闹非独立的环境**

我的闹环境一般是：下课后的教室座位、家里的餐厅及客厅、相对固定的咖啡厅、活动室的角落、下班后的办公室。

适合的学习内容：阅读、创意写作、绘画、方案构思、小组讨论、碎片化记忆工作。

# 改变书桌让学习效率加倍

## 高效书桌打造法

**书桌的方位不宜背门向窗**

我认为书桌是学习环境场的灵魂。布置书桌的时候,有几个小技巧能提高学习效率。

首先是书桌摆放的位置,不建议背对着门坐,这会让你没有安全感,尤其是当你有一个特别喜欢监督学习的家长时。频繁开、关门不但会影响你的注意力,同时会让你有一种被监视的感觉,影响学习效率。

另外,建议书桌尽量不要面对窗户。随着一天的时间推移,窗外的自然光会有明暗的变化,长时间在阳光下看书、写字对视力不好。窗外经常会有声响或者其他干扰,尤其容易影响专注力。

同时,建议大家在外选择学习座位的时候,也尽量避免背门向窗的位置。我有一个同学很早就是近视眼了,还晒了一脸雀斑,就是因为他的爸妈把家里阳光最好的房间给了他。

**书桌的大小与布置方式**

书桌不宜过大，也不宜过小，建议人位于书桌中间，两边手肘打开后各留 20～30cm 的空间。书桌过小，会有局促和压迫的感觉；过大的话，就容易摆放过多杂物，让人分心。如果你正处于成长期，在条件允许的情况下，可以使用可调节高度的书桌和配套的椅子，有助于预防近视和驼背。

在安静独立的环境，建议大家把书桌布置成一形。将要用到的物品尽可能放在你目光的前方，左右两边预留较大空间，方便取用课本和学习用具，减少翻找的时间。这样更有利于提高学习时的专注力，减少自控力的消耗。

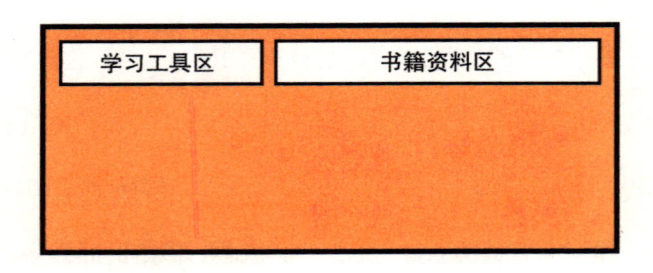

| 学习工具区 | 书籍资料区 |

一形书桌

在喧闹非独立的环境，建议大家把书桌布置成倒 U 形。在相对喧闹的环境当中，可以用书和收纳物品给自己围出一个相对独立的空间。在课间的教室或者图书馆、自习室等公共区域这样布置，也能避免邻座的人扰乱自己原本的学习节奏。

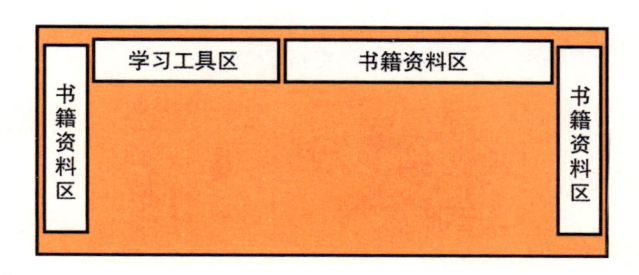

|  | 学习工具区 | 书籍资料区 |  |
|书籍资料区| | |书籍资料区|

倒 U 形书桌

## 灯光布置

在独立的环境中，灯光可以自己控制。在灯光的选择上，建议大家选用双源灯光（两个灯），不要只用单一的灯光。不均匀的光线是伤害眼睛的最大元凶，要保护好视力，一定要选择合适的光源，保持合理的亮度。同时，要注意环境的亮度，避免在非常强烈和不均匀的光线下学习。

如果睡觉之前处于智能手机或电脑的蓝光之下，睡眠质量会变差。但是德国的研究表明，白天适当使用蓝光刺激视觉神经可以提高人的专注力。尤其在吃完午饭后使用蓝光，能够让人更加清醒，而黄光或者白炽灯的灯光能激发人的创造力。所以在闹环境里，布置一盏黄灯或白炽灯更能够激发你的奇思妙想。当你学习没有思路的时候，建议换盏灯放空自己。

**坐直呼吸，不久坐**

在书桌前用正确的坐姿，抬头挺胸坐直，不仅有助于保护视力，还能让我们吸收更多的氧气，让自己更加清醒。

另外，长时间坐着学习会更容易疲倦，在切换学习任务或者下课时，可以选择站起来，建议每隔一小时起身十分钟。

**高效率书桌配套工具**

书桌上的一些配套小工具也可以让你的注意力更加集中。以下是我长期坚持使用并觉得非常有效的工具，你也可以不局限于此，去寻找能提高自己学习效率的助手，但是切记不要太多，4～5个足够。

**1. 一个收纳盒——保持简洁桌面**

购物软件上有很多书桌装饰，很多同学都跟风买了漂亮的桌布、台灯、小摆件等。其实我个人不建议在书桌上布置过多颜色的物品，放置太多的摆件及收纳盒。桌子越漂亮就越有诱惑力，越容易让你中断学习。我曾看到一个同学，每天写作业都要摸爷爷送给她的小核桃，都快盘出包浆了，甚至在考试的时候不摸都不习惯，只好摸摸橡皮了。

我的书桌一直都比较空，没有太多物品，平时我会把常用的文具放在收纳盒里（最开始是笔袋，后来慢慢变成了收纳盒）。在开始学习前，只需要拿出需要的文具就行了。让书桌保持简洁而清爽的状态，你就不会花费时间挑选用什么颜色的笔，用什么款式的笔记本，减少决策疲劳。

### 2. 一个小本子——学会批量处理

我的书桌上还有一个小本子，一般被我放在手边，是我防止自己长时间走神的利器。在学习时，我们的节奏很容易被其他思维所打乱，比如突然想起来有事情没有做、想吃点东西、出现一些新的想法，等等。只要我因为想起其他事情而走神了，就会把这个想法记录在小本子上，记录后就马上回到当前的工作和学习上，等这一阶段的学习或工作任务完成之后，再对本子上的内容进行批量处理。

这个方法对于提升专注力非常有效。工作之后，我曾想用手机或者电脑记录，但是我发现这样很容易被其他软件吸引，从而浪费更多时间，所以还是用小本子更有效率。

### 3. 一个小枕头——及时休息

我会在自己的书桌和教室的课桌边挂一个小枕头，困倦时利用大课间或者课间 10 分钟靠在枕头上小憩。闭上眼睛，缓慢呼吸，专心休息，消除疲劳，恢复大脑的清醒状态。即便没能睡着，只闭眼小憩几分钟，状态也比不休息要好。研究表明，15 分钟高质量的小憩达到的休息效果比睡 2~3 个小时还好。

当你感到疲惫或犯困的时候，不建议一味强迫自己坚持。这是大脑是在给你释放信号，提醒你该休息了，这时你就应该暂停，否则接下来你很难保持学习的状态。尤其在高考或者考研的备考阶段，这样的方式能让你快速恢复精力，不容易犯困。

**4. 一瓶精油——一秒提神**

当不具备休息的条件，或者休息结束要快速清醒时，精油也是恢复状态的好帮手。气味能帮助人从疲倦中恢复，选择一款清新的精油或者清凉油（薄荷、桂皮等味道），把它涂在额间或者闻一闻，能让你瞬间清醒。

这种方式有些类似于古代的头悬梁、锥刺股、吃辣椒，都是在需要集中注意力的时候寻求的外部刺激，不过我这个方法温和一些。高三或者正在备考等需要长期持续奋斗的同学，可以寻找一下适合你自己的外部刺激方法。

虽然只是四个小工具，但其实在学习的环境、思维、外部刺激及身体休息几个方面形成了一套闭环组合，你也可以从这几个方面去寻找适合自己的小工具。

```
        环境
   ┌─────────┐
身体休息  ●  思维
   └─────────┘
       外部刺激
```

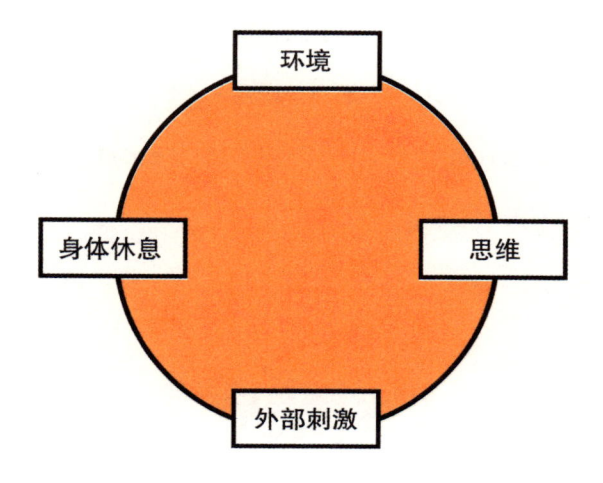

**学习小工具系统图**

综上所述，你可以通过以下几个方式营造自己学习的"氛围感"：

·打造学习环境场。打造"去诱惑"的学习专属空间，在这个专属空间内隔绝外界干扰，快速进入良好的学习状态。

·创造安静独立的环境和喧闹非独立的环境。

·在安静独立的环境，建议把书桌布置成一形。

·在喧闹非独立的环境，建议把书桌布置成倒 U 形。

·建议选用双源灯光，不均匀的光线是伤害眼睛的最大元凶。

·在白天适当使用蓝光可以提高专注力，黄光或者白炽灯的灯光能激发创造力。

·在书桌前抬头挺胸坐直，不仅有助于保护视力，还能帮助你吸收更多的氧气，从而让你更加清醒。

·针对学习的环境、思维、外部刺激及身体休息这四个方面准备四个小工具，以提高学习效率。

# 04

第四章

# 让学习过程轻而易举

## 如何设计和优化学习思维

你是否还记得我在第一章提出的问题：同一个老师教出的学生，为什么有人成绩好，有人成绩差？

为什么明明在同一个班级，有同样的授课老师，用着同样的教材，甚至做了同样的试卷，但是同学们的学习效果和成绩却大不相同呢？

我们在第一章讲到学习效果与学习能力有关，而学习能力＝学习动机＋自我效能＋学习方法＋学习思维。其中，学习思维这个抽象的概念常常被家长和老师提起，很多专家和学者也认为学习思维是区别优等生与普通学生的关键因素。有的学生觉得学习思维是看不见摸不着的东西，像镜花水月、空中楼阁，能理解但却无法实操。

这一章就是告诉你什么是学习思维，如何反思和设计自己的学习思维，以及我使用的学习思维。

### 什么是学习思维

简单来讲，学习思维就是大脑接收信息后，通过一些步骤，将脑海中的信息加工为能随时调用的、体系化知识的过程。就好像做菜，所有学生的原材料都是西红柿、葱和鸡蛋，有人做成西红柿炒蛋，有人做成西红柿蛋汤，有人只炒了西红柿，有人只炒了蛋，有人做得快，有人做得慢，有人火候掌握得好，有人却把先炒鸡蛋还是先炒西红柿的顺序弄错了……同样的原料、同样的厨具，不同的人却烹饪出了截然不同的菜肴。

其中，西红柿炒蛋，先炒西红柿还是先炒蛋决定了这道菜的成败。在学习过程中，接收和转化知识的过程也存在着这样的关键步骤和顺序。一旦缺失或弄错，学习效果就会千差万别。

不论在课堂听老师讲课还是自学，都是在接收信息。那么，信息是怎么变成知识的？中间有哪些环节？怎样转化才能学得更多，记得更牢固，运用得更顺手？

你知道吗？很多时候那些看上去比你学得快、学得好的人，不是比你聪明，只是对于信息和知识的加工处理方式和你不一样。所以我们需要向优秀的学习者看齐，反思自己的学习过程（从信息的接收到知识的存储、知识的运用），并不断优化调整相关环节，让自己学得更快、更好。

如果你从没有思考过自己的学习过程，没关系，让我们一起来梳理。

## 如何反思和设计学习思维

开始前,我想请你先思考一下,你平常的学习过程是怎么样的?信息从获取到变成知识,你的脑海中都经历了怎样的步骤?(花3分钟时间写在空白处)

| 我的知识加工步骤 |
| --- |
|  |

如果不太清楚的话,别着急,下面我们一起来设计学习思维。

我们从教与学两个方面来分析。

美国教育学家提出了知识深度(DOK)教学法,该教学法建议老师在教学过程中,根据学生的认知水平,分成4个层级来设计教学环境,并且开发相应的教学活动、教学任务及教学问题,以提升学生的课堂学习效率和效果。

第一层级是注重知识的回忆和重现，掌握基本事实；第二层级是注重技能和概念，通过思考和观察进行推论和解释；第三层级是策略性思考和推理，进行复杂和抽象的逻辑推理；第四层级是拓展性思考，进行跨内容、跨学科的思考和实践。

这个理论告诉我们，要想深度掌握知识，仅凭记忆是不够的。只有把新学的知识点和其他学科的知识点关联起来，修炼到第四层级才是做到了融会贯通。

从学习者的角度，应用最广泛的学习思维是由"理解+记忆+应用"这3个步骤组成的。接收到老师传授的知识，先理解，再记住，再应用。例如用这些知识来解题，只要获得了高分，就完成了此学习过程。这种学习思维是最简单直接的，目的也是最明确的。

## 如何设计自己的学习思维方式

**第一种方式是总结优化法。** 分析和总结自己的学习步骤、学习习惯和思维流程，形成一定的范式。例如你每一次学语文都是先阅读材料，再上课，课后做总结，之后做知识的迁移，最后开始做题，那么，你的学习思维就是由输入、总结、拓展、应用这4个步骤组成的。

**第二种方式是理论优化法。** 如果你觉得自己的学习思维过于抽象，难以总结，那你可以先结合一定的理论知识，例如知识深度（DOK）教学法，以这些有理论支持或比较先进的学习思维作为基础，来设计自己的学习思维。学习过程中再加入自己的学习习惯和思维特点，进行个性化的调整，形成自己独特的学习思维模式。

如果你比较喜欢"理解—记忆—应用"的模式，在学习过程中的最后一步喜欢对知识点进行总结和拓展。结合相关理论和你的习惯，就形成了"理解—记忆—应用—拓展"的学习思维。

第一种方式更适合对自己的学习过程和学习能力比较自信的同学。如果你认为自己的学习思维已经具备一定的优势和先进性，那么你可以先总结再优化。第二种方式更适合摸不着学习的门道，对学习思维理解不深刻的同学。这类同学可以先借鉴一些优秀的模式，再进行个性化的调整。

每个人都有自己的学习思维，学习思维不分好坏，只看是否适合你。适合你的学习思维就是好的，可以显著提高你的学习效率；不适合你的，体系再完备也无法提高你的学习效率。

## 我的学习思维模式——"闭环脚手架"

磨刀不误砍柴工，学习思维需要不断调整和打磨。接下来和大家分享一套我打磨到今天，能有效提升学习效率和学习效果的学习思维模式，我把它称作"闭环脚手架"学习思维。

称作"闭环"是因为这套学习思维模式的起点与终点都落在了一个非常重要的环节——提问上，形成了一个完整的闭环，任何知识体系都可以按照这个逻辑重复加深巩固。

称其为"脚手架思维"，是因为它为学习新知识和新技能提供了基本的框架思路，就像盖房子用到的脚手架一样，起到支持和框架的作用，从而帮我们搭建不同的房子。按照这个步骤去逐步攻破知识点，会提高知识的内化和应用效率，学习的时间也会缩短。这样学习就像使用乐高的说明书一样，按照一定的思维模式，结合不同的素材，逐步拼接好一个个组件。在学习过程中，你也可以随时利用脚手架思维进行自纠自查，了解哪些知识点还掌握不到位,哪个环节出现了问题。

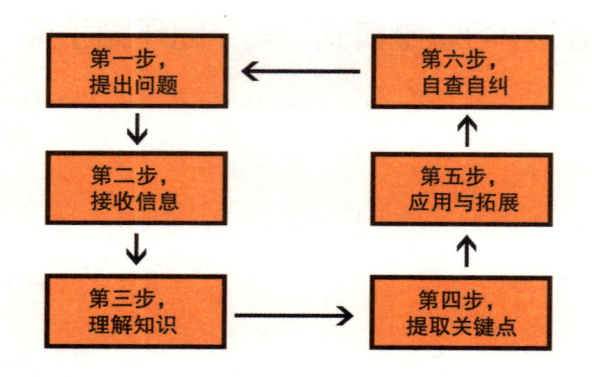

```
第一步,          第六步,
提出问题   ←——   自查自纠
   ↓                ↑
第二步,          第五步,
接收信息         应用与拓展
   ↓                ↑
第三步,          第四步,
理解知识   ——→   提取关键点
```

**闭环脚手架思维**

**第一步,提出问题。**为了激发学习兴趣,让自己更专注。我会在开始学习前提出和即将学习的知识相关的 1~3 个问题,在课堂上或者自学过程中去寻找答案。有疑问的学习过程,是有灵魂的、有主题的,这样不仅可以帮你集中注意力,还可以提高对学习的兴趣。

**第二步,接收信息。**接收信息的方式可以分为个人获取和他人传授两种方式。个人获取是指通过阅读、浏览网站、检索数据库、看视频等方式自学。他人传授是指通过有经验者面授和口口相传的方式接收信息,例如课堂上老师传授知识、父母的指导、学徒跟着师傅学习技能等。对于大多数学习者来说,因为他人传授的信息系统性更强,可以及时互动,解决学习过程中的难点,所以相比自学会更简单、更省力。所以课堂真的非常重要,一定要学会利用老师的优势,更好地达成学习目标(可以参照第二章的技巧)。

在学习过程中,要有意识地从接收他人传授转变为培养自学能力。因为离开学校之后,想要找到好老师就更困难了。培养自学能力也是成为终生学习者,不断自我提升的关键。

**第三步,理解知识**。接受知识之后要做的事情是理解知识,这个过程应该贯穿于知识的接收过程。在课堂上也好,自学也好,一边学习一边思考、理解,练习快速运转大脑、快速理解的能力,而不要等看完或学完再想。

什么是理解知识?通常第一步是"扩句",这一步对公式定理类的知识接收非常关键。比如把"牛在饿的时候要吃东西"扩充成"一只饥肠辘辘的牛来到青青草原吃草充饥"。第二步是"视觉化",用视觉化的方式想象该知识点。例如历史故事、数学空间几何、物理运动,甚至化学公式,都可以把元素之间互相组合,形成新物质的过程像放电影一样在脑海中过一遍。第三步是"挂钩",梳理逻辑,把新旧知识点联系在一起,用旧的知识去理解新的知识。这三步如果都能做到,这个知识点就理解到位了。

**第四步,提取关键点**。理解知识是把书读厚,提取关键点是把书读薄。比如：数学的一个章节，可以将其凝练为几个重点公式和几个定理；一篇课文，可以凝结成简短的核心思想；一条历史史实，最后可以总结出时间、地点、人物事件。这些就是提取关键点。

学会提取关键点，你就掌握了所学知识的核心，甚至可以做到即时记忆。尤其是对于需要记忆且应试的科目，在提取关键点之后，用3~5分钟有目的地即时记忆，效果会比过几天花一个小时记忆的效果还要好。

**第五步，应用与拓展**。这一步应分为两个部分，一是对知识点的应用。简单来讲，就是写作业和做习题。

更深层次的一部分是问自己：这个知识点在所在领域以及其他领域有什么用？有什么事情是和这个知识点类似的？有什么事情是可以由这个知识点推导的？有什么事情能够用这个知识点来处理？除了技术应用之外，更重要的应用是思维在横向与纵向方面的拓展。

**第六步，自查自纠**。在应用过程当中，你可能会发现自己在理解知识和提取关键点时存在相应误区。此时就要做到自查自纠，根据情况进行调整，再提出新的问题，并与第一个问题连接，形成闭环。如果发现新的问题不能得到解决，你就需要把这个过程再思考一遍。

## 闭环脚手架思维

| 1 | 提出问题 | 提出和即将学习的知识相关的 1～3 个问题，在课堂或者自学过程中去寻找答案。 |
|---|---|---|
| 2 | 接受信息 | 通过自学或他人传授两种方式接收知识。 |
| 3 | 理解知识 | 一边学一边思考、理解。理解是把书读厚的过程，第一步是"扩句"，第二步是"视觉化"，第三步是"新旧知识挂钩"。 |
| 4 | 提取关键点 | 提取关键点是把书读薄的过程，把知识凝练为重点公式与核心思想，并进行即时记忆。 |
| 5 | 应用与拓展 | 对知识进行扩展和实践，例如做题，思考知识点的使用场景，横向、纵向拓展知识体系。 |
| 6 | 自查自纠 | 对学习过程和理解过程进行复盘和纠偏，提出新问题看是否能够得到解答，如果无法解答重新进入步骤1，如果能够解答则该知识点的学习过程结束。 |

这个过程看似非常枯燥，但其实是把学习过程当中的一些关键点提炼出来了。很多时候大家会疑惑，我也在听老师讲课，但是我却不知道该如何应用所学的知识。这是因为你在学习过程中没有去扩充、理解知识点，也没有提炼知识点的核心。从知识的吸收一步跨到知识的应用，显然是有难度的。听了课不思考，而是直接做题，当然做不对。做题之后不进行自纠自查，不反思自己，没有发现哪些薄弱环节还需要补充相关知识点，也很难有进步。学习过程中必要的流程是不能少的。

养成高效的学习思维看似不是一件容易的事情，需要在短时间之内把必要的流程都做完。但是也请你相信我，一旦你养成了自己的学习思维之后，这个过程就是自然而然的。吃饭要先端起碗，再拿筷子，再张嘴，这个过程已经成为条件反射。学习也是一样，一旦习惯，这个流程就像呼吸和吃饭一样简单。看到一个新的概念你就会提出一个问题：它到底要讲什么？获取到新知识，你就会想：它和我学过的什么知识是相关的呢？我应该通过什么样的方式去对照、联系它？理解好了，再去想下一步用哪一句话提炼刚才学的内容，以便记忆。

虽然这节比较抽象，但是是学习思维的底层逻辑。在不分析底层逻辑的情况下，我只给大家一些所谓的"学习技巧"和"捷径"，一定是治标不治本的。因为学习是一个系统的过程，要知其然才能知其所以然。

除了在学校上课的同学外，"闭环脚手架"思维也非常适合自学的同学。选择优质的学习资料，按照"闭环脚手架"思维的步骤、逻辑去学习，你会发现自己的学习效果提升得很显著。

## 极简预习法，好用易坚持

预习的重要性大家都知道，但很多人容易进入两个预习误区：一是不预习，二是过度预习。

不预习的同学也许没有意识到预习的重要性，也许没有时间，也许只是单纯的懒，完全不想预习。而过度预习经常发生在学习刻苦的同学身上，他们经常花太多的时间，或者采用网上一些错误的预习方式来预习。比如做题式预习，通过做习题来预习；讲授式预习，通过给同学讲课来预习；还有三遍式预习，课本要读三遍，第一遍初读，第二遍精读，第三遍熟读。

我个人认为以上这些方式都属于过度预习，不仅耗时过长、步骤烦琐，而且并未抓住预习的精髓。这样的预习不仅让你失去了对知识的新鲜感，也让你上课的时候更容易开小差，浪费宝贵的课堂时间。所以，要切忌不预习，也切忌过度预习。

我一直非常看重预习工作，但我也要向大家坦言，因为时间和精力有限，我从小学到博士学习过程的任何一个阶段，都没有做到每一门科目的每一个章节都预习。我通常会根据学科和内容有筛选地进行预习。

筛选的标准：

· 偏科学科全预习

· 普通学科选择性预习——只预习重点、难点章节

· 优势学科可以不预习

比如我的语文和英语成绩一直不错，所以我基本不预习这两科。有时间的话，我就在课前读一读课本，没有时间就直接听课。但是，对于数学和物理这两门短板学科来说，我基本是全预习。物理和数学成绩慢慢提升之后，我就会有选择性地预习重点、难点章节。肯定有人要问，我都没学过，怎么知道重点、难点章节怎么找？别着急，下面的内容告诉你。

## 我的预习方法

两步预习法：第一步预习在寒暑假完成，第二步预习在每天上课前完成。

预习所需工具：课本、笔记本和笔。

**寒暑假预习步骤**

1. **通读课本**。借阅教材或是从网上下载教材，通读课本。

2. **了解重点、难点**。有三种方法：一是在网上搜索并下载学科的重点、难点知识总结；二是购买下学期的教辅书，提前看标注的重点、难点；三是看下学期的考试模拟试卷，从而找出重点、难点。在互联网时代，最简单的方法是第一个，直接上网搜，并在课本目录处做好标注。

3. **梳理知识逻辑**。根据目录和重点、难点，用思维导图的方式大致梳理下学期所学知识点的逻辑（不需要太细致，有框架即可）。

优势学科做好寒暑假预习的第 1 步就足够了，偏科学科建议一定完成第 2 步和第 3 步，这样下学期学起来就会轻松很多。

**上课前一天的 10 分钟预习步骤**

1. **翻目录**。思考即将学习的知识点在整个知识体系当中的位置，培养全局观。

2. **读课本**。用 3～5 分钟通读本节课本，标注通读过程中不理解的地方。建议快速阅读，不要过于拖沓。

3. **提问题**。根据要学习的知识，在 1～3 分钟内给自己提出三个问题，可以是趣味性的问题、拓展的问题，也可以是难点问题。

整个预习过程不要耗费过长时间（通常不超过 15 分钟），我一般会控制在 10 分钟以内，只有时间短才能效率高，你才能够长期地把预习工作做下去。

不论是假期预习还是课前预习，最关键的环节只有四个字："提出问题"。预习过程你只需要提出问题，并不需要去回答。找答案的过程要放在课上和课后进行，如果在预习的时候就已经耗费了大量精力去得到问题的答案，上课的意义就不大了。预习不能过度，过犹不及。所以我认为，好的预习是只提问不解答。

## 22 个高效课堂学习技巧

上课听不进去或者效率不高，通常来说有几个原因：第一没有目的，第二听不懂，第三开小差，第四不喜欢老师。这节内容能帮助你解决上述痛点。

开篇前先啰唆一句大实话，对于像我这样的普通非天才型选手，课堂时间是学习过程当中最重要的一个时段。高效的课堂可以使学习事半功倍。相信我，记住这个事实，重视课堂上的学习效果，能帮你少走很多学习上的弯路。

我曾自认为聪明，因为不喜欢某些老师，所以开启了所谓的课堂自学模式，结果却不尽如人意。要知道，比起自学，听课是更节约时间的一种学习方式。应当利用好老师的资源，努力地学习和吸收老师所能传授的所有知识，开启学习"吸星大法"模式。

## 主动走神，注意力张弛有度

对于上课这种时间、场所固定的学习过程，你要和别人比拼的是效率。那么，如何提高上课效率？最简单的逻辑是，学会建立注意力集中和放松之间的良性循环。提高上课效率最关键的一点，就是要提高自己对于注意力的掌控力，要像放风筝一样，有紧有松。

学习目的就是你手中的线，这就是为什么预习过程中最重要的一环是提问。它能让你的课堂有线来牵引，让注意力不至于随风飘摇。

学会"主动走神"是提高注意力、掌控力的最好方式。从认知心理学的角度上来讲，注意力是消耗性资源，是不稳定的，是周期变化的，比起让它自由发散，更需要我们主动干预控制。当发现已经学习了很长一段时间，老师正好也在休息的时候，你可以尝试主动走神一下，等开始讲课再回到专注中，下一阶段你会更加清醒。建议每隔20或25分钟，在老师没有讲解知识点的间隙主动走神30秒。

## 走神后如何回到课堂

上课犯困走神？对自己要狠！

在发现自己不自觉走神的时候，马上将让你走神的想法或者突然想要做的事情记录在小本子上（详见 P87），课后再集中处理要做的事情。

发觉走神后，一定要马上暂停走神，通过不断在心里复述老师的话回到课堂。如果不干预走神这个过程，上课走神就会形成习惯，以后上课就会很难集中注意力。要保持课堂上的高效学习状态，走神的时间决不能超过课堂时间的 1/5。

上课难免会有犯困的时候，一定要及时干预，不要让自己浑浑噩噩听完整堂课。上课犯困时，我通常会使用以下几个方式解决：

· 掐自己的大腿根（真的很痛），但也很提神醒脑。

· 活动双手，尤其是左手，能让自己稍微清醒一些。

· 准备风油精或其他具有提神醒脑气味的东西。犯困时闻一闻，用嗅觉刺激大脑，重回清醒。

· 主动拿着书站到后排听课，不困了再返回。

· 坐直，深呼吸，增加氧气的摄入。找靠窗的同学帮忙把窗户打开，增加教室的含氧量。

· 如果真的很困很累，我会选择弃车保帅，在老师讲相对简单的知识点时，小睡 5～10 分钟。如果这时选择硬撑，接下来的一整堂课都会听不下去。下课后我会主动和老师说明情况，后来老师们也知道了我这个习惯。如果怕睡得太久，我就让同桌在 5 分钟之后叫醒我。

## 高效课堂，一定要科学记笔记

很多时候，我们会出现翻开书一目了然，合上书一片茫然的情况，就好像课本上是"马冬梅"，考试的时候却变成了"马梅冬"。这其实是因为我们对于内隐语言和外显语言产生了错觉，学习了知识，你就觉得自己理解了。但其实，只有通过语言复述或者用笔记录，能讲出来、能写出来才是真的变成了外显语言，才是真的掌握了。所以，除了要掌控注意力，高效课堂一定还需要记笔记（我的高效笔记法请详见 P134）。

## 主动跳过老师的"闲话时间"

如果你想成为学习能力强的人，想要利用好课堂的每一分钟，我建议你学会将课堂时间化整为零，主动跳过老师的"闲话时间"。

每个老师在课堂上或多或少都有一定的"闲话时间"，比如重复你已经掌握的知识点、重复讲过的题、批评其他同学的时候。大脑的思考速度远高于讲话速度，所以当你发现老师在讲"闲话"的时候，可以把这个碎片时间用起来，积少成多，提高学习效率。高中时我有一个爱讲段子的老师，他布置的作业，我都能用他的"闲话时间"完成一半，课后就很轻松。

习题讲解课我也会有目的地听，课前把题目分类做好标注，只听不太会或者觉得难的题目。当老师讲我会的题目时，我就去做该学科的作业，或者复习该学科的知识点，等老师讲到我不会的题目时再听。

但是，我不建议大家在课堂上做其他科目的题。从神经生理学的角度上讲，同时处理两件事情是在来回切换自己的注意力。跨学科，对思维和注意力的转换要求更高，容易无法及时切换回课堂，很容易听错，被老师抓住也会很惨。

### 眼神接触，提高双方专注力

上课时请和老师保持眼神接触，大大方方地看老师的眼睛，不要躲闪。你看老师看得多，老师看你也会比较多，你们之间的关系就会"升温"。这也可以提升你的专注力，让你上课时不敢有太多小动作。另外，增加眼神接触，并主动回答问题也会让你更吸引老师的眼球，加深老师对你的印象。课后去请教问题的时候，老师也会更愿意在你身上倾注时间，因为老师也是"视觉动物"。

上课时，我很喜欢看老师的眼睛。尤其是在大家都不愿意看老师的时候，你和他的眼神交流，会让你觉得老师是在对着你一个人讲课，能让你更加容易沉浸在课堂中。

再告诉大家一个实战经验。在大学课堂，和老师保持语言互动和眼神交流能直接增加你的平时分。做好眼神交流和语言互动，下课多问问题，平时分很容易收入囊中。大学时，只要有平时分的科目，我都是靠眼神交流、语言互动、下课提问这三板斧来拿分的。

## 大学里，座位越靠前成绩越容易好

经过多年的学习，你们会发现大学里成绩好的同学大部分都坐在教室的前 1/2 处。和老师距离越近，听课的"音效"越好，越不容易走神，或者说越不敢走神。也许知识的传递也是有"能量损耗"的，离信息源越近的地方"能量"越高，学习效果越好。

我们班里有个逆袭的故事。这位同学上课喜欢聊天，难以集中注意力。他主动和老师申请把座位调到了讲台旁，虽然"吃了"很多的口水和粉笔灰，但是一个学期之后，他所有学科的成绩都突飞猛进。所以，只要你真想改变，办法还是有的，逼自己一把，一切都好说。

对于不爱看长篇大论的同学，我将上课的注意事项整理罗列在下方，请参考：

- 上课不要做与课堂无关的事情，看小说、打游戏、聊天都不可以。
- 记笔记不是做听抄，而是听完思考后，记下你思考过的东西。
- 不懂的可以举手提问，如果无法当场提问，做好记录，课后解决。

·没听懂的知识点记下来，不要思考和停顿太久，跟着老师的节奏和思路走。

·用思维导图来梳理课堂中的关键点与关键逻辑。

·学会主动走神，每隔 20 或 25 分钟，主动走神 30 秒。

·学会用"批量处理"本子，重复老师的话或使用物理刺激让自己快速回归课堂。

·跳过老师的"闲话时间"，主动将课堂时间化整为零。

·保持和老师的眼神接触会让你上课更专心，也会让老师更喜欢你。

·想要成绩好，尽量坐前排，离信息源越近，学习效果越好。

## 黄金 262 法则，用好课间 10 分钟

黄金 262 法则是我从高中开始使用并且长期坚持的课间休息方法。我在视频平台上和大家分享过，很多用了这个方法的同学都反馈效果很不错。直到今天，我仍然觉得这个方法简单、易上手，能帮助大家提高学习和休息效率。

我把课间的 10 分钟分为三个时间段——刚下课的 2 分钟，中间休息的 6 分钟和快上课的 2 分钟，三段时间做三件事情。

刚下课的 2 分钟，请不要离开座位，用这 2 分钟的时间对上节课的重要知识点进行回顾。回顾时，一定要合上课本和笔记本，用大脑去回想，这样产生的即时记忆效果才是最好的。回想之后再翻开课本和笔记本检查一下，查看回想的过程中是否有遗漏或者记错的知识点。

不要小看这 2 分钟的即时记忆，每天有 6~8 节课，每节课下课都记 2 分钟，你就多记了 12~16 分钟。并且学完马上开始回想的记忆方式，会比放学后再花 10~15 分钟来背诵效果更好。

中间的 6 分钟是休息时间，建议大家走到教室外呼吸新鲜空气，提升身体的含氧量，这会让你下节课更加清醒。同时放松眼睛，远眺窗外的景色。远眺的时候记得采用"2020 口诀"，即远眺 20 英尺（约 6 米）处 20 秒钟。这个简单的动作能帮你放松眼睛，缓解视觉疲劳。在远眺的过程中，还可以用深呼吸的方法来辅助放松，做做伸展运动，或者做一段短时间的冥想，帮助放松肌肉和大脑。

特别困的时候，也可以趴在桌上休息。当我特别困或经过一段时间高强度的学习之后，我就会拿出挂在课桌边的小枕头，在桌上小睡 6～8 分钟。不论是否睡着，大脑都能得到放松，下节课会更加清醒。尤其在高三和初三，我会用大课间的 20 分钟小睡一下，有的时候还能做个梦，起来之后会非常清醒。

最后的 2 分钟回到座位上，为下节课做准备。你可以翻开预习笔记，对于没有预习的比较擅长的学科，就简单通读课本。自己提出一些问题，以便下节课更能集中注意力。

很多同学说老师经常拖堂，课间时间根本不足 10 分钟。如果是这种情况，那么第一步和第二步一定要做，按照比例分配时间。

有个好消息是，2021 年颁布的《未成年人学校保护规定》要求老师不能占用课间休息时间，所以课间 10 分钟又能全部回到学生自己手里了。

## 课间休息不要做的事

课间休息不要玩手机，通过玩手机产生的多巴胺虽然能让人短暂愉悦，但是你的大脑没有得到休息，这会让你下节课负担更重，眼睛也会更累。要记住，玩手机属于放松娱乐，不属于休息。

课间不要继续写作业。我也曾看别人都在利用课间10分钟写作业，就学着不休息写作业，结果导致课堂注意力不集中，得不偿失。人的专注力是有限的，精力也是有限的，在该休息的时候休息，你才有更多的精力更好地学习。不要太过刻苦，抢占课间10分钟反而会因小失大。

课间不要过度嬉戏打闹。课间时间是帮你恢复体力和脑力的，不是让你过度消耗精力的。站起来走一走可以，但是不要和同学追逐打闹。嬉戏打闹会让自己消耗过多的体力，下节课会更加容易疲倦。这种行为也存在一定的安全隐患，容易受伤。

## 作业15招，写得多不如写得巧

作业，是每天的学习生活绕不开的一个话题，也是我们实现知识的应用与巩固的最直接方式。但我不赞成题海战术，也不赞成学生被动地完成老师布置的作业。

如果你希望用最少的作业实现最好的效果，你需要在写作业这件事情上也具备主动性。通常我在面对作业的时候会通过科学排序、筛选和订正三个步骤，提高写作业的效率和效果。

### 科学排序作业

很多同学都不喜欢写作业，所以为了让大家尽快地进入写作业的状态，很多人会建议把自己擅长的学科排在前面，把简单的任务排在前面，这个方式比较适合对学习有畏难情绪的人、启动难的人。

而我觉得写作业的精力和时间是有限的，所以更倾向于把精力最充沛的时间留给需要重点攻破的学科。短板学科应该多分配一些时间，擅长的学科则应快速高效完成。而如果一味地遵循自己的心理诉求，依靠完成简单任务收获快感，长此以往只会越来越松懈。

我一直以来都是采用先难后易、难易交叉的作业排序方式。从我认为难的学科开始，从短板学科开始，把擅长的学科排在后面，按照**最难—较难—中等—较简单—最简单**的顺序来写作业。

先把难关攻破，后面的相对来说就更容易了。这样的方式也能够帮助你训练大脑，在挑战当中获得成就感。

如果写作业时容易犯困或者精力不集中，排序上还可以使用交叉原则。例如文理交叉（文理科作业交叉写）、难易交叉（简单的和难度高的作业交叉写）、环境交叉（改变写作业的环境），觉得疲倦的时候也可以站起来走动走动。

写作业的过程也是对思维的一种训练。如果你平时在作业排序上遵循由难到易的原则，迎难而上，那么在考场或生活当中，遇到难关你也不会慌。你对自己越严格，环境对你就越友好。

## 高效作业筛选

老师布置作业的目的是辅助学习，在布置作业的时候，其实已经根据班上同学的学习情况以及教学的进度进行了第一轮的筛选。作为一个有主观能动性的人，接收到作业任务之后，你要做的事情是根据自己的学习进度以及对知识点的掌握情况，对作业进行第二轮筛选，判断哪些作业是有价值的，从而可以根据自己的学习情况做出调整。

在第一轮学习过程当中，老师布置的题目不论难易，我会整体都做一遍。在第二轮的训练和复习阶段，在我明确知道自己对知识点的掌握程度之后，遇到简单的一目了然的题目，我通常会跳过不做。只做那些读完题后没有思路或者相对来说有些难度的题目。

我也会定期和老师保持沟通，告诉他哪些题或作业因为自己已经掌握，所以选择不做。当发现老师布置的作业难度不够，我还会去做自己买的教辅书。

我曾经遇到一个老师，他对于我这种方式非常赞赏，因为我是一个主观能动性强的学生。我也曾遇到过不是很认可这种方式的老师，和他反复沟通过多次，最后他看我成绩不但没有下滑反而进步了，也认可了我的习惯。

## 作业订正

写完作业后，做到了订正这一环节才是完成了学习的闭环。

写作业的目的是巩固知识点，查漏补缺，而不是为了交差。所以每次完成作业之后我一定会做的就是对照答案，订正错题。如果等老师批改完，再花时间回忆当时做题的思路，作业的效果至少要打五折。

所以建议大家增加订正和总结环节，完成作业的有效闭环，再根据自己做错的题即时回顾相应的知识点，这样写作业才有效。

## 高效率写作业技巧

此外，这里提供一些提高写作业效率的技巧，供大家参考：

·开始写作业时要布置学习环境，根据学习的内容去选择采用闹环境还是静环境。

·提前处理完作业以外的事情，排除学习以外的其他诱惑。比如吃好东西，放好水杯，清理好桌面，准备好相应的学习用具，上好卫生间，进入自己的"学习环境场"，写作业中途尽量不被其他诱惑和杂事打断。

·根据学习的任务时长和排序制订当天的写作业计划，并标注好每门学科的计划时长和最终耗时，以便更好地管理写作业的时间。

·在计划作业时间时，建议以 30～45 分钟为一个周期，两个周期之间可以休息 5～10 分钟。写作业和写卷子不建议采用 25 分钟的番茄钟，因为 25 分钟对于很多同学来说时间太短，还没进入学习的心流状态，或刚刚进入心流状态就被打断了。

·重视学习情绪。可以在开始写作业之前听歌或者做点自己喜欢的事情调节情绪，让自己保持轻松愉快的心情，这将提高你面对难题的抗挫折能力和学习效率。

·时间观念和自控能力较为薄弱的同学可以用倒计时器来管理自己完成每个任务的时间。这个小工具非常好用，建议选择静音震动款。我一般会在学习的休息时间设置倒计时，时间一到就回到学习状态。我不建议使用手机倒计时，因为手机诱惑太多，静音款的机械或电子倒计时器是不错的选择。

·学会交叉用脑。作业安排上可以使用学科交叉、难易交叉、环境交叉的方式，调用不同区域的大脑，让它们分阶段工作和休息。在一个学习环境中累了可以适当换一个环境，坐累了站一会儿，让自己不容易疲倦。

·增加输出型作业比例以提高学习效果。多做一些输出型的作业，少做一些输入型或高度重复的作业。例如：背诵抄写就是输入型的作业；做习题、写文章、做总结就是输出型的作业。

・作业要排序，要筛选，要订正。主动地筛选作业内容、安排作业时间、复盘作业效果才能用最短的时间获得最好的学习效果。时间和精力有限，别陷入已经掌握的知识点的"温柔乡"。走出学习的舒适区，当然也不要为了挑战难题进入恐慌区，难易搭配，在学习区内不断精进。

・标注作业重点、难点。订正完作业之后，仍然不会做的题目需要去请教老师和同学，**一定要保证在三天内把这个题目问清楚，并能够重新做对**。如果三天内不解决，你欠的"债"会越来越多，复习阶段会非常痛苦。

・草稿纸要清晰整洁，养成良好的写作业习惯。这样日后在考场上不仅能提高做题效率，还不容易因为粗心马虎而失分，同时也有利于做错题之后，对知识点进行复盘。

・休息时间不要玩手机、看剧，否则一旦开始就停不下来了。休息方式可以参考我前面提到的课间休息的黄金262法则。同时可以活动双手，尤其是你的左手，以便放松大脑，让你更清醒。

・补充水分。研究表明，简单的喝水动作能够帮助你主动走神，从而在喝水之后更能集中注意力。此外保持身体的含水量，能使大脑运转速度更快，学习效率更高。但是注意不要"贪杯"，以免频繁去卫生间，降低学习效率。

・善用提神小工具。利用书桌边的笔记本、风油精、枕头等小工具。

当写作业分心的时候，用笔记本记录下自己分心时候的想法，完成作业之后再集中批量处理。风油精和枕头能让你在疲倦的时候变得更清醒。

·尽量去感受写作业过程中的成就感。一是遇到难题不放弃，解决之后的成就感；二是完成作业之后的成就感。在学习过程中引导自己产生正向的情绪体验（年龄较小的学习者可以让父母和老师通过鼓励引导）。

你要意识到自己在学新的东西，在变得越来越博学，在不断靠近自己的梦想，在成就自己的人生。你要感受到自己处在越来越好、越来越优秀的过程中，将这种感受融入每一天的学习过程中。

## 双轮复习法，攻克得分关键

复习的重要性不言而喻，但并不是所有人都能掌握复习的精髓。很多同学在学习过程中就像小熊掰玉米，学完一章扔一章，很少进行日常的复习和阶段性总结。等到期中、期末或其他重要考试前才开始慌慌忙忙地准备，却发现学过的很多知识点都遗忘了，复习过程花费了很长时间，效果也不尽如人意。

尤其是上大学以后，这种现象越发明显。同学们经常在考试周互相调侃："哎呀，你终于开始预习了！"然后开启昏天黑地的自学模式，最后被平时规律复习的同学轻松打败了。

复习是整个学习过程当中非常重要的一步，它存在的目的是提升学习效果，而不是完全服务于考试成绩。学习不能过于功利和短视，考得好不如学得好重要。考试是激励学习的手段，只要学得好，考试成绩好是水到渠成的。如果把成绩当作悬在头顶的一把利剑，要求自己必须获得高分，反倒会过度紧张，影响复习效果。

为什么要提醒这一句？是因为我在学习生涯中见过太多备考过于刻苦的同学，有人甚至因在备考期间熬夜、饮食不规律而导致低血糖、过度劳累，最后晕倒被送进医院。功夫不放在平时，考试前夕"拼尽全力"，最后却起到了反效果。大道至简，要知道健康的身体和轻松的心态是复习期间非常重要的两个基础。

好的复习过程可以把短期记忆转化为长期记忆，同时把新学的知识融入既有的知识体系中。一定要有意识、有目的、有节奏地去安排复习计划。我的复习通常是打碎、融合在整个学习过程中的，我使用的是双轮复习法，结合了两种复习方式：日常"微复习"＋阶段性的系统复习。

## 微复习

微复习是将复习过程打碎，随时随地可以开展的复习方式。复习时长一般在1～15分钟，哪怕只有1分钟的时间也可以复习，不要小看积少成多的力量。

**微复习的资料**

课本、笔记本、卡片、录音。

**微复习的方式**

**1. 利用课间的黄金 2 分钟进行回顾。**即时回忆新学的关键知识点是非常重要的微复习方式（详细请参考 P114）。

**2. 早晚 1515 法则。**用好早晚的时间，能够让你的记忆效果突飞猛进。通常我会把笔记带到床边，用晚上睡前 15 分钟和早晨醒后 15 分钟这两个时间段去复习相关笔记。睡前和醒来这两段时间记忆力比较好，因为有研究表明睡眠可以起到巩固记忆的效果。

如果面临大考，复习内容比较多，也可以把复习时间分别调整为早 30 分钟和晚 30 分钟，再把这 30 分钟按照学科划分，比如英语 10 分钟、物理 10 分钟、数学 10 分钟来进行。

**3. 碎片时间复习。**生活中有非常多的碎片时间，例如排队、上卫生间、走路、刷牙洗脸……时间就像海绵里的水，尤其是碎片时间，累积起来高效利用，得到的效果非常惊人。

对于语言类学科的复习，如果用好碎片时间，会比花费整块时间复习的效果更好，因为碎片时间天然的时间间隔还可以起到强化记忆的作用。关于碎片时间的利用，我通常会采用以下几个工具：

（1）便利贴。可以将关键的和容易混淆的知识点记在便利贴上，并贴在显眼的位置，比如数学公式、单词、历史关键事件等。我的便利贴通常贴得到处都是，尤其是家里的洗手间镜子上、冰箱上，我都会贴上一些知识点。在刷牙、喝水、吃东西的时候，只要看到就在脑海当中快速记一遍。

（2）小笔记本。从初中开始我就使用很多可以随身携带的小笔记本，在上面记录关键知识点，可以走到哪儿带到哪儿。例如等公交车时，我就会把小笔记本拿出来进行微复习。我的高中英语老师曾说，她对我最深刻的印象是，每次下课之后我都喜欢拿着小本子追着她问问题，再记到本子上，一直翻看。

（3）录音或音频。洗漱时是使用录音或音频的好时机。此时不方便用眼睛看东西，所以用耳朵听是一个很好的方式。英语听力、文科知识点、能想象画面的素材，都是非常好的材料。

你可以直接听别人录好的音频，你也可以自己把笔记当中的关键知识点录下来。要记忆的内容我一般会录三遍，这样就可以省去重复回放的步骤，在洗漱或者走路的时候边听边想边记。多年的学习生活已经让我形成了习惯，手在动，但是耳朵闲着的时候，总觉得不适应。直到现在已经工作了，每天早晨化妆和洗漱的时间我也一定要听新闻或者英语。

（4）自问自答。以上三种使用碎片时间的方式都是输入型的，但想要理解知识点，并进行巩固与记忆，输出训练的效果比输入的效果更好。所以我至少会用 1/3 的碎片时间，通过自问自答的方式来判断自己是否掌握了最近学习的知识点。

提问和回答的时候，需要注意是否能用语言表述出来。不要感觉自己懂了就过，要把隐性语言转换为显性语言，说出来才能确认自己是否记住了或理解了，避免考场上"马冬梅"变成"马梅冬"的尴尬。

利用好碎片时间，把复习过程打碎成片段进行，不仅简化了复习任务，降低了复习难度，还高效利用了时间。这就相当于把水倒进了装满沙子的容器，还有很多空间可以利用。积少成多，就会越来越优秀。

写到这里，我不禁想跟大家再多分享一句。很多同学不够自信，总认为自己不够聪明，智商不够高，所以学得比别人累，效果还不如别人好。我的整个学习过程花费了非常多的时间和努力，并不是单纯靠智商或借助其他外部力量轻易达成的。更何况在这个世界上，很多时候你的努力都还没有到拼天赋的时候，不要无谓担心。

请你一定要相信，学习是相对公平的事情，一分耕耘一分收获。你所认为的牛人，也只是在你休息的时间悄悄努力罢了。时间是最公平的，不论你是富可敌国还是一贫如洗，每个人每天的时间都是 24 个小时，一分不多一秒不少。

人和人的差别更多的时候在于你如何利用你的时间，你如何对待它，它就如何回馈你。

## 系统复习

系统复习是考试获得高分的重要复习方式，我通常会用4阶段复习法。

第1阶段是每周日花半天时间做各学科知识点的整理复习。

第2阶段是单元检测，每个单元学完之后为单元检测做复习工作。

第3阶段是期中检测，在期中的时候，对每个学科前半学期的知识进行整体复习。

第4阶段是期末测试，在这个阶段系统复习本学期每个学科的知识。

前3个阶段的测试结果我不会特别看重，只当作查漏补缺的工具，而会把期末考试成绩当作目标。前面3个阶段的复习是为了配合最后一个阶段的复习，以便在期末考试中实现自己的目标。

### 系统复习的工具

课本、笔记本、错题本、试卷。

### 系统复习的步骤

**1. 回顾课本，尤其是课本中的关键知识点。**考试万变不离其宗，课本就是"宗"。很多同学在复习阶段从来不看课本，无形中会浪费很多时间。任何参考资料对知识点的整理都不如课本的逻辑清晰，所以快速阅读课本是非常重要的复习步骤。

2. **翻看笔记**。我通常会用微复习的方式熟读笔记，在系统复习的阶段，也需要像看课本一样快速地看一遍笔记。这个阶段尤其要关注笔记当中的思维导图部分，注意知识点之间的连接。很多时候你不会做一道题，并不是因为你不会某个知识点，而是因为这道题结合考查了很多知识点，而你对知识点与知识点之间的关联与转化理解得不够透彻。

3. **做模拟试题**。时间允许的情况下，用倒计时的方式给自己创造考试环境，完整地做完一套试卷。通过试卷查漏补缺，直接感知自己欠缺的知识点和做题速度。对于学习能力较强的同学，建议做 3～4 套模拟试卷。标记出 30 秒内不能马上想到答题思路的题目、知识点结合较多的题目，并给自己设定一个时间区间，将模拟试卷当中勾画出的不太有把握的题，整体再做一遍。用多套试卷进行查漏补缺，效果会更好。

4. **定向突破**。将错题记录到错题本中，并与错题本中曾经做错的题目进行匹配，找到知识点漏洞。再去翻看课本、笔记以及相应的教辅书，定点攻破知识点。将错题本当中同一类型的题目筛选出来，找准母题，重新做一遍。

5. **整体复习**。解决完局部知识点遗漏之后，就要开始整体复习了。首先看笔记以及笔记的知识点框架。在这个阶段，重点关注基础题和中等题。大部分考试的难度都不会特别高，其中大概 70% 是基础题，20% 是中等题，10% 是难题。所以仍然要把精力放在占总题量 90% 的基础题和中等题上。等基础题和中等题都攻破了，再花时间去攻克难题，千万不要在难题上钻牛角尖。

**6. 模考。**如果是期末考试、高考、考研等重大考试，建议大家在考试前一周按照考试的固定时间对自己进行模考。比如上午考语文，下午考数学，这样你就可以利用相同的时间去做同一学科的模拟题。可以一边寻找知识点的遗漏，一边调整考试的状态，这也是复习当中一个非常重要的环节。

还有两个小建议。一是我们的大脑习惯主动回想，效果也比被动重复要好。所以在复习阶段，大家千万不要一味地重复性输入，而要多做做题、归类、反思、总结等工作，提高复习效果。

另外一点是，在复习阶段千万不要持续熬夜。美国精神学家罗伯·史帝格德（Robert Stickgold）在《认知神经科学》（*Journal of Cognitive Neuroscience*）杂志上发表的研究成果指出，建议在学习新的知识或技能的阶段，必须保证每天睡足 6 小时以上。如果强行记忆后没有好好睡上一觉，记忆就不会铭刻在大脑的颞叶，几天之内记忆便会消失，所以保证睡眠才能保证复习效果。

05

第五章

**学习效率提高技巧**

## 内化知识点，解锁高效笔记

### iPods 笔记法

记笔记是一个不断学习和进步的过程，也是在学习过程中进行总结、关联应用和内化知识非常关键的一步，学会高效记笔记能够显著提高学习效率。

小学时，我习惯用最简单的勾画重点和提纲式笔记法；上初高中后，我开始用 A4 纸做笔记；上大学之后，我开始用康奈尔笔记法和思维导图；现在，我通过优化迭代得到了自己的一套笔记方法，未来也会继续改进和调整。每个人记笔记的方法需要根据不同的学科和个人特点来调整，你可以以此为参考。希望看完这一节之后，你能有一套自己的记笔记方法。

我把这套方法称为 iPods 笔记法，它结合了 PBL 学习理论、思维导图和康奈尔笔记法的特点，使用起来非常方便。按照这个笔记方法，可以完成"闭环脚手架"思维的 6 个步骤。

**笔记标题** 日期

| ①问题区 | ⑥自查区 |
|---|---|
| 趣味问题 | 难点、易错点 |

②框架区

表格/思维导图/图标
梳理知识核心脉络

A
↓
B
↙ ↘
C   D
↓↓↓ ↓↓↓
c₁ c₂ c₃ d₁ d₂ d₃

③笔记区

A：……
　a₁：……
　a₂：……
B：……
　b₁：……
　b₂：……
　b₃：……

④总结区
提炼关键点（把书读薄）

⑤拓展区
横向/纵向拓展

**iPods 笔记法示意图**

想要用好这个笔记法，6 个笔记区域中的 4 个是关键。①问题区（Problem）：提出自己的问题，激发学习兴趣；②框架区

（Outline）：只画图或者记录大纲，字越少越好，高度提炼学习内容，清晰展现本页笔记的关键点以及和以往知识的关联性；③笔记区（Details）：是专门用于记录细节的区域，内容与框架区要对应起来，多用于随堂的即时笔记，听到觉得重要的东西都可以记录在这个区域，保证自己不遗漏细节；④总结区（Summary）：在学习结束之后，花5分钟时间，用最简单的语言提炼出本页笔记的核心关键点记录在这个区域，复习的时候看到这页笔记，先看这个总结区能让你快速抓住核心，节约记忆时间，提高效率；⑤拓展区和⑥自查区可以预留出空间，但是这两个区域需要大家重复利用笔记才能总结、提炼出内容来填写，这是理解、巩固知识的关键，但不是所有学习者都能做到。

所以简化来说，这个笔记法想要用到80分的效果，P-O-D-S是关键，而整页笔记的形态很像字母I，所以为了方便记忆我称其为iPods笔记法。当你随意拿到一张A4纸，你可以拿笔画出两横一竖线，把笔记分为I形的6个区域，按照Problem（问题）— Outline（框架）— Detail（细节）— Summary（总结）的方式完成自己的笔记记录，把笔记从流水账变成学习思维的辅助工具，写完=学会，而不是写完=写完。（iPods笔记的记录顺序需要从标号①开始依次到标号⑥。）

我最开始记文科笔记时更加习惯于用概要笔记法一点一点去记，而理科我更习惯用思维导图，把思维逻辑、底层逻辑和关键性概念梳理清楚。这个笔记法的优势是打破了文科和理科笔记的壁垒，把两种思维打通了，对文理科都比较实用。

## 错题本三区笔记法

归类、分析及再做错题是非常重要的，有时候你犯的错比你更懂你自己。

对于错题本本子类型的选择，我倾向于选择活页本，以便将不同的错题类型分类整理到一起，方便查看和复习。另外我往往用横向的本子，将本子分为3个区，并在第一栏标注清楚错题类型、错题难度和错题复习次数。

第1个区为错题区，只记录错题的题干部分。很多时候为了节约时间，我也会复印试卷后再剪贴上去。

第2个区留白，作为练习区，在第二、第三次翻看错题的时候，可以在这个区间练习，但是记得用铅笔，做完、订正后，再擦掉，以备下一次练习使用。

第3区写对错题的总结和知识点分析，总结清楚知识点、解题方法和错误原因，以便复习。

| 错题类型： | 错题难度：★★★ | 错题复习次数：下 |
|---|---|---|
| ①错题区 | ②练习区 | ③总结区 |
| 写/粘贴错题题目 | 留白以供再次做题 | 知识点： |
|  | 注意：做题时用铅笔做完，总结错误后即刻擦掉 | 解题方法： |
|  |  | 错误原因： |

**错题本三区笔记法示意图**

## 做笔记的常见误区

以下是在做课堂笔记时经常进入的误区。

·做笔记不思考。上课完全不思考，直接抄老师的板书；或上课听讲，下课复印或照抄同学的笔记。

·做完笔记不回顾。笔记，尤其是错题本，切勿记完就结束。看笔记的次数在3次以内，就没有发挥笔记应有的效果。

·笔记本不留白。笔记记得太多、太满、太杂，没有留出空白，让自己在复习的时候把关键思路和易错难点标注出来。

·笔记不更新。做完笔记之后不纠正笔记上记错记漏的地方，不对笔记做进一步的总结和补充。

·笔记不归类。很多同学都用活页本来记笔记，尤其是记错题，这本来是一个好的方法，但是记完之后却忘记把笔记按照不同学科、章节顺序、题目类型、题目难度等做归纳整理，等复习的时候，却发现找不到对应的知识点和错题。

·笔记不整洁。笔记太潦草，过段时间再打开看，甚至不知所云，所以笔记一定要工整。

## 课堂笔记技巧

笔记颜色不宜过多，不宜太花，尽量使用三种以内颜色的笔，不然容易找不到重点。黑色记板书，红色记重点，再选择一个你喜欢的颜色吧。

记笔记不能做听抄，因为你不是在完成听写任务。记笔记的关键是思考，将老师的语言转化成自己的语言，再提炼简化成文字记录下来。正确的记笔记步骤是：听到、停顿、思考、转化、记录、总结。

在笔记的右上方填写笔记记录时间和复习时间。根据艾宾浩斯记忆曲线，在第1天、第3天和第5天三个时间段再复习，可以让短期记忆变成长期记忆。

## 常用笔记法推荐

### 提纲式笔记法

提纲式笔记法是我们从小用到大的方法，简单直接，重点明晰，通常为以下结构：

A……………………

　（a₁）……

　（a₂）……

　（a₃）……

B……………………

　（b₁）…………

　（b₂）…………

　（b₃）…………

### 表格笔记法

用表格的方式归纳、梳理逻辑思路和关键点。用电脑记笔记的时候，这种方式更好用。在本书中，很多章节我都用了这个方法做知识的总结。

### 康奈尔笔记法

康奈尔笔记法是最经典的笔记法，特别适合用于做课堂笔记。预习时，可以把课本里的重点知识提炼出来，写进线索栏；上课时，把本节课的重点、疑问写入笔记栏；复习时，把有疑问内容的解答和总结的知识点补充上。

### 思维导图法

思维导图法是最为系统，最便于整理逻辑思维、梳理遗漏知识点的方法，非常适用于理科的学习以及复习阶段总结知识点、梳理考试大纲等环节。思维导图可以手绘在笔记本上，也可以用一些电脑或手机软件来辅助绘制。

### 九宫格笔记法

用于创意型笔记的记录法，适合记录灵感和创意。以九宫格的中心为核心，一层层向外拓展，不断地增加自己的创意和想法。

这个方法可以帮你建立发散思维。比如，我在给自己的视频起标题时，就会把核心词提取出来，再围绕核心词加入相关的关键字、热点词，最终连接起来就是一个不错的标题。

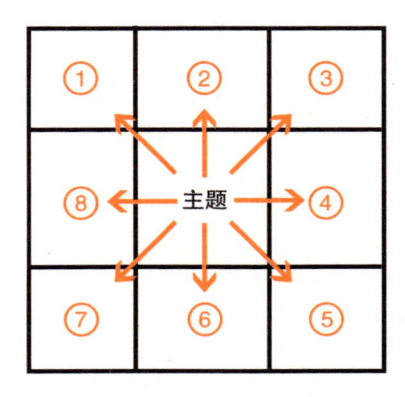

**九宫格笔记法示意图**

### 分隔笔记法

这是我从网上看到的非常适用于背单词或记忆学科重要知识点的复习方法。例如，在背单词或是政治、历史的关键知识点时，可以把一张A4纸一分为四，再根据艾宾浩斯记忆曲线标注好相应的复习时间。按实际复习时间，记录四次复习过程，写完一页纸也就完成了整个记忆过程。这既是一个笔记法也是一个记忆技巧，因为一页纸很薄，很适合随身携带，积累起来还可以作为复习材料使用。

**第一单元英语单词复习笔记**

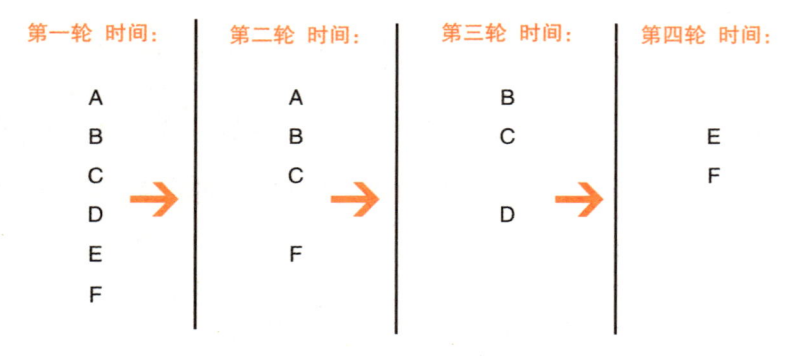

| 第一轮 时间： | 第二轮 时间： | 第三轮 时间： | 第四轮 时间： |
|---|---|---|---|
| A<br>B<br>C<br>D<br>E<br>F → | A<br>B<br>C<br>F → | B<br>C<br>D → | E<br>F |

分隔笔记法示意图

### 录音笔记法

现在有很多支持语音转文字功能的软件和硬件产品。这类工具非常好用且节约记笔记的时间。不论是做采访，还是去网上查找一些无法下载的资料，或者是参加重要会谈，都可以做到信息的全记录，尤其适合大学生和上班族。很多大学生因为参加重要活动或者比赛，错过了一些重要的课程，就可以把录音笔放在讲台上，把老师讲课的内容录下来并转为文字，再从文字中总结出关键信息，记录在自己的笔记上。

近年来，各种各样的笔记记录法层出不穷，但记笔记的方式没有绝对的好坏。是否适合自己的学习思维，自己对该方法是否足够熟练，才是判断一种笔记法是否实用的标准。

我们可以根据自己的学习思维、要学习的学科，从上述的推荐中去挑选自己喜欢的方法。但是建议你只选择2～3种笔记记录法，并坚持使用一段时间，切勿换来换去，这样才能有效地提高记笔记的效率。

# 6 个方法打造强效记忆通路

市面上有各种各样的图书讲述如何实现快速记忆，国内外心理学、神经科学等领域的专家学者也在这一方向上进行了非常丰富的探索和研究，产出了丰厚的成果。如果想要提高自己的记忆能力，大家可以去阅读相关的论文和图书，同时通过系统的训练，养成自己的记忆术。

坦白来说，我其实未曾做过类似的记忆训练，也不认为自己的记忆力有多超群，但对于一些需要记忆的知识点我也有独特的记忆方法。所以我想以一个普通人的视角和大家探讨我对记忆力的理解，以及常用的记忆方法，希望能够对你有所启发。

## 记忆是如何产生的

记忆通常分为瞬时记忆、短期记忆、长期记忆和永久记忆。想要提高记忆力，首先要知道记忆是如何产生的。从神经科学理论来讲，记忆的形成依赖于神经元之间连接网络的改变。

加州理工大学的研究人员通过研究老鼠模型得到的结果表明，神经元个体具有一定的可塑性，用恰当的方式去刺激它，它就会兴奋，同时能够连接更多的神经元，所以记忆力其实是可以被养成的。

生物学教授卡洛斯·洛伊斯（Carlos Lois）经过研究指出："如果想要让记忆持续更长时间，就要想办法增加编码相同记忆的神经元。"简单来说，记忆就像是在你的大脑神经元之间建立高速公路，公路上行驶的车辆越多，越需要公路宽阔，这样车辆行驶阻力才越小，行车的速度才越快。而要让记忆保持更长的时间，在建立一对一的天桥以外，还要学会在多个神经元之间建立立交桥，刺激更多的神经元，达到条条大路通罗马的效果，此路不通还有其他路，知识点就更不容易被遗忘。

很多记忆方法都在强调重复的重要性，其实本质是通过外部信号不断地刺激大脑，建立并不断强化神经元之间的连接。所以"大脑不用会生锈"这句话是有一定道理的，神经元就像肌肉一样，越训练越强大。

如何刺激自己的神经元，提高记忆力呢？我常用的记忆方法有以下几个。

## 6个记忆训练方法

### 聚精会神

很多同学一直抱怨自己记不住单词，背不下文章，但其实不是他们的记性不好，很多时候是他们在记忆的过程中不专心。约翰·雅顿（John Arden）的《重塑你的大脑》（*Rewire Your Brain*）中提出，当你集中注意力的时候，大脑的前额叶皮层就会变得活跃。而前额叶皮层也被称作"大脑的大脑"，它能帮你调动大脑的其他区域。

所以聚精会神，保持专注，认真记忆，排除外在干扰，是最基本的记忆方法。如果做不到，就不要抱怨自己记性不好。不专注，一切都是空谈。

### 调用感官

尽可能多地调动你的感官，充分调动眼、耳、口、鼻和四肢。很多记忆法都会告诉大家触摸、感受、联想、多听、多说等技巧，大家可以根据学习风格去匹配适合自己的记忆方式。在记忆过程中越是能够充分调动自己的感官，越是能够更好更快地记忆。

其实调动不同感官的过程就是通过不同的回路去刺激你的神经元，建立不同的连接的过程。比如记单词时，如果你采用边写、边想象单词画面、边读、边听的记忆方式，一定比你采取单一的记忆方式记得更牢。

所以在面对任何学科的时候，大家都要尽可能多地调动自己的感官以及想象力。神经元被同时刺激得越多，未来被同时激发的可能性就越大，知识点就越不容易被遗忘。

**增加输出**

所谓"记忆"其实包含了记和忆两个部分，但是很多人都把重点放在了"记"这部分，通过不停读、不停写来增加输入，而很少做"忆"的工作，提取记忆、使用记忆，并让大脑输出。我理解的达到最好状态的记忆，是要学会达到输入和输出之间的平衡。

很多研究表明，对于大脑的工作机制而言，输出能比输入带来更好的记忆效果，回想、应用、做试题等都是记忆的输出方式。在背历史、政治这类文科属性较强、背诵内容较多的学科时，通读几遍之后，我一定会把书合上，回想刚记过的内容，然后再复查自己遗忘的知识点。

同样一个小时的记忆时间，边输入边输出的记忆效果比单纯输入的记忆效果好。有的理论建议输入和输出的记忆时间比控制在3:1，但是我更建议大家根据自己的情况和学科，自己决定输入和输出的记忆时间比。

**建立连接**

将新记忆的知识与已有的知识形成关联，类似于在神经元的高速公路之间建立连接，让知识体系更加完善。

新旧知识结合在一起，不仅更方便理解，也更不容易忘记。美国亚利桑那大学和布朗大学的四位专家通过研究发现了学习的"甜蜜点"，他们认为要达到更好的学习效果，新知识与旧知识的比例应该是85%∶15%左右（准确数字为15.87%）。在理解的基础上记忆，才能记得牢。所以在记忆的过程中，需要用旧知识解释新知识。这种方式一方面有助于理解，另一方面在新旧知识间建立了联结，加深了记忆。

在关联的过程中，也可以联想不符合一般逻辑的画面，让自己记得更牢。例如，我喜欢通过造句和场景联想的方式记忆英语单词。造句是输出的过程，同时，在例句中我会将新的单词和其他已经学过的单词联系起来，形成一幅画面。日后再看到这个单词的时候，可以马上回想起当时的那幅画面，就能快速回想起单词的意思。这一方法不仅有助于记单词，还有利于培养英语写作和口语能力。以前学习秦桧的人物故事时，因为"桧"是多音字，既能读"huì"也可以读"guì"，最开始我总是忘记。后来突然发现"秦桧"倒过来读，读音和"慧琴"一样。做了一次关联记忆之后，我再也没有忘记过这个词的读音。

**学会暂停**

要想记得牢，就要学会给记忆按下暂停键。

很多同学，尤其是学习刻苦努力的同学，会有一个记忆的习惯。即规定自己在特定的时间之内一定要把某篇文章背下来，背不下来继续背，直到背下来才能停。

在本书中，我多次提及休息对于提高学习效率的重要性，记忆也是一样。大脑在持续工作一段时间之后会产生腺苷，腺苷会让你感觉疲惫。学会定时主动休息，提前消除大脑中的腺苷才能够保持记忆的效率。

每隔30～45分钟的记忆时间，一定要停下来休息5～10分钟，间歇式、脉冲式的记忆能产生更好的效果。休息，包括睡眠，有助于大脑将短期记忆加工为长期记忆。睡眠、休息时间不足，记忆就不会刻在大脑的颞叶处，而会在几天之内消失。

前文讲到的下课黄金2分钟、碎片时间微复习、早晚15分钟记忆法等方法都刻意利用了记忆中的暂停时间。所以不要强迫自己记忆，要学会划分记忆任务，给大脑按下暂停键。

**规律重复**

记住的知识点我们肯定不想让它被遗忘，这就需要通过规律的重复把短期记忆转化为长期记忆。面对大考、复习周期比较长的考试，一定要做到这一点，否则很容易前面记完后面忘，后面记完前面忘。

我一直都认为，最权威的规律重复记忆法是艾宾浩斯记忆法，我在早期的视频中也给大家分享过艾宾浩斯记忆法的简单版本。

在此我也想和大家分享《考试脑科学》这本书。在这本书中，作者指出了另一种行之有效的规律重复记忆法：

第 1 次复习，在学习后的第 2 天；

第 2 次复习，在第 1 次复习后的第 1 周；

第 3 次复习，在第 2 次复习后的第 2 周；

第 4 次复习，在第 3 次复习后的一个月。

很多同学在使用这个方法时，可能会觉得知识是需要持续不断学习的，很难把新学的知识做切分。所以我个人是一直按照学习阶段来划分复习节奏的：

第 1 次复习，在刚刚学完的课后黄金 2 分钟，用回忆重点的方式来复习；

第 2 次复习，在当天写作业之前，看对应的知识点笔记；

第 3 次复习，每周日用半天时间，集中复习一周所学过的知识；

第 4 次复习，单元检测，考前集中复习该单元的知识点和错题；

第 5 次复习，期中测试之前；

第 6 次复习，期末考试之前。

## 6 个记忆小技巧

### 通过运动提高记忆力

研究表明，运动可以改变大脑结构，增加海马体的体积，从而提高短期记忆转化为长期记忆的能力。同时运动能提高大脑神经元的敏捷性。所以我建议每周保持 3 次运动，每次 15 分钟以上。

### 多使用记忆辅助工具

例如便利贴、小本子、录音笔、记忆相关 App 等。利用好碎片时间，用微复习的方式巩固记忆（详见 P125）。

### 常用口诀记忆法

很多人都对九九乘法表和元素周期表记忆犹新，这些利用口诀高频重复记住的内容，已经转化为你的长期记忆。对于很多难以想象成画面的信息来说，编排成口诀是非常好的记忆方式。但是要提醒大家的是，口诀要编排进去的是关键字，而非首字。比如，本文讲的记忆方法总结成"聚调增建学规"就不如"聚感输联停复"这几个关键字方便记忆，再调换一下字的位置，把"聚感输停联复"想象成"你聚会打牌却刚好感冒了，状态不好导致输光了钱，于是大声喊停了牌局，找了几个朋友联手来复仇，最后大杀四方赢了"的场景，就把这几个关键字记住了，再展开就把 6 个方法记住了。

### 思维导图记忆法

尤其适用于记忆重要知识框架，可以将它作为知识点的提示，由点及面地展开记忆。

### 橡皮擦记忆法

对于要背诵的长篇大论，我一般会打印出来，先遮住重要信息或句子，用完形填空的方法去记忆。随着记忆次数增加，重要信息越擦越多，最后只留下几个关键字作为提示来复盘自己是否记牢，记牢之后再盖住整篇文章来背诵。

### 早晚记忆法

正如前文所讲，睡前和早上醒来都是非常好的记忆时间段，这两个时间段我会翻阅笔记、记单词、记口诀。但是要注意早晚记忆的材料一定不能冗杂，要精简，只记核心和精华。

## 优质图书如何选（教辅/自我提升）

关于为什么要读书，我很赞同白岩松老师的一个观点：读书是为了和高于自己的人对话。一本好书就像一位良师益友，你可以通过与"他"对话，学习"他"的经验和智慧，博采众长。

读书，一定要读好书。朱光潜先生说过："任何一种学问的书籍现在都可装满一图书馆，其中真正绝对不可不读的基本著作往往不过数十部甚至于数部。"所以在信息爆炸、时间和资源紧张的当下，筛选适合自己的图书就显得尤为重要。

我一直认为阅读是非常好的培养学习兴趣的方式，也是提升自我、增加人生厚度的不二选择。古今中外的书我们都应该去读一读，涉猎越广泛，视野也会越开阔。同时，也要记得"尽信书，不如无书"！在阅读的同时，也需要保留自我意识，拥有辩证思维，判断图书的内容质量。

读到质量不高的图书，浪费时间只是小事，但如果影响了你的价值观，也许会给你的人生带来不可磨灭的影响。所以判断力与辩证思维尤其重要，包括阅读这本书时，你也应该停下来想想，哪些观点你认为正确，哪些观点你认为不正确。如果从此以后，你可以在读书的过程中保留这样的意识，也是非常好的收获。

## 图书的分类与筛选

我通常会筛选三类图书：第一类是教辅图书，包括配合着教材，日常学习使用的教辅书和为了准备某一考试所需要的备考参考图书；第二类是在学习某一新的知识领域时使用的自我提升类图书；第三类是以拓宽视野为目的的图书。

我个人认为这三类图书中，最容易筛选的是第三类，其次是第一类，最后是第二类。对于不同种类的图书，我关注的指标和筛选方式略有不同。

**教辅图书筛选标准**

**1. 看销量。** 教辅图书的商业性质较明显，销量更好的图书，一方面是市场选择的结果；另一方面该图书拥有更强大的教研团队，能够对接更多的名校资源，更新迭代的速度也更快，知识的框架性、体系的完整性也更强。

对于基础一般的学生，关注教辅图书销售排行榜是最简单快捷的方式。重点关注排名前 5 的图书，同时不建议大家选择出版时间太短、销量太少、知识点太偏、太难的教辅书。

**2. 看答案详尽度。** 查完销售排行榜之后，我一般会到书店里或者用查电子书的方式去进行下一轮的筛选。答案的详细程度是我考量的第二个重要指标。教辅书是学习时的辅助工具，答案越详细，讲解风格越容易理解，才越能提升对知识点的掌握程度。当你遇到不会做的题，或者不熟悉的知识点，才方便自学攻破难点。

筛选的方式是翻看不同的教辅图书，找其中易、中、难三个等级的题，看答案是否详细，逻辑是否清晰。对比下来，你基本就能发现不同的图书，在答案详细程度和注解风格上会有明显的差别。答案不详细的、写了太多"略"字的，我都不建议考虑。

**3. 看总结和例题。** 教辅书都会有总结的部分，我会以同一章节为标准，对比不同教辅书对同一知识点的总结，判断其逻辑是否清晰，重点是否到位，例题讲解方式是否容易理解。也许有的同学觉得这个方式很抽象，但如果你真的照做，找到两本教辅书，翻到同一章节同一知识点进行对比，谁好谁差，一目了然。

**4. 看作者、出版社。** 通常来讲，前三个指标就能够帮助你在众多的教辅书中选出 1 ~ 2 本非常适合自己的。如果你有选择困难症，最后一个指标，我建议看著作者和出版社，著名作者的书可能在市场上销售的时间比较长，专业度较高。而比较权威的出版社，对于图书的质量把控也比较严格，可以作为参考的依据。

**自我提升类图书筛选标准**

1. **选择与自身年龄、知识水平适配的图书。**可以适当读一些稍高于自己认知水平的图书，但不建议跨龄太多。例如，太小的孩子看成人的图书，容易认知早熟。所以即便是选择经典名著，也要根据自己的年龄和当前所在的阶段做取舍。我比较遗憾的是，现在大部分的图书都没有把适合的读者年龄层标注出来，给读者做参考。

如果你不确定这本书是否适合你，你可以寻求外界的帮助，例如请教老师和家长，或在网上搜索相关介绍，也可以试读其中1~2个章节，如果发现太过晦涩或者太过挑战自己的认知水平和价值观，请立刻停止阅读。

2. **看作者和出版社。**通常来说，优质的作者创作出优质图书的可能性更高。如果你喜欢某个作家的思想和行文风格，他的著作大概率你也会喜欢。而主流或优质的出版社持续出版高质量图书的概率也会更高，因为出版社的编辑会对图书进行筛选和质量把控，如果你有比较认可的出版社，可以从该出版社的书库里进行选择。

3. **看图书的内容结构框架。**看图书的目录以及主干内容，判断其是否能显示出相应的框架性或者系统性。避免选择语言风格不统一、缺乏系统性、知识点凌乱的图书。很多人为了出书会雇人写稿，或者流水线生产"新书"，一般这样的图书营养价值偏低。

**4. 看图书的书评及读书笔记。** 网上有很多图书书评网站，你可以选择 2 ~ 3 个网站，看这本书的评分和评价。另外，网友的读后感及读书笔记可以作为购买图书的参考依据，但记得这些只是参考依据，你仍然需要有自己的判断。

**5. 看图书的出版时间以及加印次数。** 刚出版的图书，发行量肯定比不上出版很久的图书。所以可以看看图书版权页显示的加印次数，判断其是否畅销。但是要提醒大家，并不是所有畅销的书就是好书。也有很多图书的知识点虽然比较深，受众较窄，但也是经典，你也要学会挖掘这样的图书。

**6. 看清楚作者名后面是"著"还是"编著"。** "著"说明这本书是作者一字一句创作而成的，"编著"说明这本书是作者编撰而成。很多"高仿"书都打着编著的名号，用正版书的书名试图在图书市场中开拓一片天地，但内容天差地别，大家要谨慎选择。

**7. 看参考文献和引用量。** 图书的参考文献越多，图书的内容相对会越客观，书中参考的文章也可以作为你探索相关图书的好资源。好的图书一般具有一定的链接性，除了能够总结前人的观点，还有独特的观点输出，同时新的观点对后续的创作也有一定的启发意义，引用量就会高。

**8. 看奖项。** 图书奖项的评判标准通常比较严格，所以获得了重要的图书奖项的著作都有一定的价值。比如诺贝尔文学奖、普利策文学奖、曼布克国际文学奖、茅盾文学奖，等等。从国内外的获奖图书中筛选自己感兴趣的去阅读也是一个好方法。

**拓宽视野类图书筛选标准**

选出以拓宽视野为阅读目的的图书是非常简单的，原则就是读能"吸引你"的图书，可以读得杂一些。鲁迅先生阅读的图书种类就非常杂，他建议学习写作的人"不要专门看文学，关于科学的书（自然是写得有趣而容易懂的）以及游记之类，也应该看看的"。

如果你不知道该看什么书，可以去书店随便浏览，或者下载一些读书 App。一开始，你可以随便挑选一两本你感兴趣的图书，再从这些书出发，找出你喜欢的观点、想要继续讨论的话题、书中引用和推荐的图书，把这些作为下一步阅读的方向，由点及面地展开自己的阅读之旅。

## 筛选图书注意事项

不要过度依赖图书排行榜和网络达人推荐。任何人的评价对于你来说都只有参考意义，因为一千个读者有一千个哈姆雷特。

好的图书一定会给你带来一些非共识的观点，或者能突破你当前的思维局限，让你觉得眼前一亮。避免长期阅读迎合大众或你个人价值观的书。

列出自己的图书黑名单。毕淑敏曾经说，无论中国还是外国，有些人的书，她一定是不读的；有些人的文章，她一定是不看的。对于第一次接触的写作风格和领域，她一般都格外认真，但是第二次、第三次读后，若仍然不喜欢这个作者的写作风格和内容，她就会把该作者列入黑名单。

时间和精力是宝贵的，我也有自己的读书黑名单。阅读本身是享受，但读错的书，有时却是一种折磨，建议大家也在心中列一个自己的黑名单。

在读书这件事情上有时是"选择比努力重要"，但是这件事也没有你想象当中这么难。如果你秉着点外卖、逛淘宝、拼单时货比三家的精神来选书，你就一定能选择到适合自己的图书。

# 备考与应试经验技巧总结

在备考期间和考场上都可以使用一些技巧，帮助自己获得更好的考试成绩。本节总结了考前 2 周、1 周及考试当天的应试小技巧。

## 考前 2 周

中考、高考、考研等准备周期较长且非常重要的考试，建议大家从考试前 2 周开始，将自己的复习状态调整为应试状态。我在大考前一定会做以下 4 件事情：

**做好考试时间规划**

根据考试的时间、题目的类型和试题的数量，计算每一门考试当中每一类试题要耗费的时间，越精确越好。比如高考数学考试，一道选择题只能预留 3 分钟的答题时间。做好时间规划之后，牢记每门考试的时间。同时通过模拟考试来训练，确保自己能够在考场上做完会做的题目。

切记时间规划和模拟考试非常重要。

### 进行模拟考试

从考试前1周开始，建议每隔2天进行一次模拟考试，调整精神状态，尽可能地接近自己真实的考试状态，别太紧张也别太放松。同时，模拟考试阶段也是冲刺阶段，模拟考试是查漏补缺的不二法则。

### 归纳答题模式

试卷中的题目和答案之间往往存在着一定的关联性，也就是所谓的"套路"。分析题目和答案，总结不同题型的答题模式，是提高做题效率、获得高分非常关键的一点。

例如英语考试中，听力部分一定要先快速读题，勾画出题目和答案中人名、时间、地名等关键词，集中注意力听关键词前后的内容，并用纸笔边听边记，用速写的方式将关键词记在草稿纸上，避免遗忘。此外听力的重点要放在实词上，注意力要放在与问题相关的信息词上。

阅读文章时，but，however，unfortunately，while 等带有转折意味的引导词，需要留心后面的内容。答题时，选择委婉的词 could，may，likely 的正确率通常比选择绝对化的词 must，never，none 的正确率高。

英语写作考试的评分标准首先是"基本正确，用词和句型没有严重错误"，其次是"用词和句型丰富多变"，所以写作部分第一要保证语句无大错，不确定的单词和句型不要写，第二要保证结构清晰，总分总是最简单直接的结构，第三要保证增加亮点词句，在基础的短句上添加亮点单词和长难句即可。这些答题的套路和模式都是需要提前归纳总结的。

**进行积极的心理暗示**

通过心理暗示的方式来提高学习自信心，调整备考心情是非常重要的。我习惯每天早晨对着镜子给自己鼓劲，每天睡前做复盘的时候鼓励自己坚持下去。大家可以用名人名言或者个人目标来不断激励自己，但是一定要用肯定句的方式，例如"我可以完成××目标""我这次一定能行"，而不要用否定句的方式说"我不要粗心，我不要马虎，我不要怕"等。否定的心理暗示会使大脑跳过否定词，起到的是副作用。

# 考前1周

考前1周非常关键，大家一定要调整好生物钟，做好考试的准备工作。

**调整自己的生物钟**

生物钟是由下丘脑视交叉上核控制的，能让我们有节奏地保持睡眠、清醒及饮食等日常行为。在备考期间，考生往往压力大，神经紧张。由于生活节奏的变化，很多同学通常夜晚的复习效率最高，然而考试基本都在白天，为了不让状态和时间产生错配，我们需要去调整自己的生物钟，将备考生物钟调整为应试生物钟，以便在考场上发挥出自己应有的水平。

建议大家在面对重要考试时，提前1周开始调整自己的生物钟。研究表明，校准生物钟至少需要提前48小时。所以即便复习时间紧张，也至少需要提前2～4天调整生物钟，让你在考试的时间段保持最佳的状态，这是调整生物钟的重要意义。

调整方法很简单，你只需将起床、睡觉和吃饭时间与考试阶段保持一致，然后将复习和模拟考试时间放在对应学科考试所在的时间段，同时搭配适当的运动即可。

### 准备好考场资料

提前根据招生组织和单位的要求，准备需要携带的证件及文具（允许携带的物品以考点公布信息为准）。

通常需要携带的证件有：身份证、准考证。

必要的工具有：黑色签字笔、涂卡笔、橡皮等。

### 提前踩点

提前熟悉考场、卫生间、餐厅等的位置。

### 住宿及交通

如需赴外地考试，应提前预订好房间，用地图估算出住宿地点和考场的距离，选择合适的交通方式，计划出发和返回时间。

**关注天气预报**

提前查看天气预报，准备好合适的衣物、雨具等，夏天注意防晒防暑，冬天注意防寒保暖。

**调整身体状态**

考前1周如果出现头晕、眼花、腹痛等不适症状要尽早去看医生，确保考试期间的身体处于舒适的状态。在此特别提醒女生，如果考试时间和经期时间重合，担心影响发挥，可以咨询医生开一些推迟月经的药。我曾有女性朋友因为高考来月经，腹痛难忍导致发挥失常，我希望类似的事情不要发生在女同学身上。

## 考试当天

早上起床时，对自己进行积极的心理暗示，用肯定句式默念自己的目标5～10遍，保持自信和好心情。

出门前，检查并带好所有的考试证件和工具。

考试开始时，先整体浏览试卷，明确大概的题目、题型，判断是否有自己的薄弱知识点，是否要多预留一点时间。

一类题做完集中涂答题卡，再复核一遍。不建议做一道涂一道，换笔频繁效率较低，也不建议做完全部试卷后再涂，容易发生错涂、漏涂、没时间涂的情况。

审题要慢，写题要快。建议大家审两遍题，用铅笔勾画关键点，不要遗漏重要条件，避免审题失误导致失分。

根据规划的考试时间做题，超出用时的题目"做好标记"再"随便选择或填写一个答案"。等做完全部试卷，有剩余时间再回头做，没有剩余时间就果断放弃。不要让不会的题扰乱自己的情绪，对你来说，只要把你会做的题做完，这场试就考好了。

保持草稿纸整洁清晰，这样不容易粗心犯错而且方便检查。检查时，可以用反向代入法代入答案，看条件是否成立，这种方式有时候更快捷。如果时间比较紧张，来不及重做或者代入，检查草稿步骤也是很好的方法。

建议按照试题排布顺序做题，尤其是理科，同一类型的试题顺序通常由易到难，遵循着大脑的认知思路。而跳着做题，容易影响发挥。

文科要列关键词，做题要思考，不要只忙着堆字数。老师都是根据答案中的关键词给分的，有堆字数的时间，不如在材料中找关键词。理科要学会分步列式，不要用连等号，以免中间一步错，后面步步错，失分过多。

考完一科丢一科，潜心准备下一科。考完试之后不对答案，不翻书，不回想自己做得是对是错，把所有的时间拿来准备下一科考试。避免因为做错题目影响下一科考试的信心，也避免以为自己考得好了，就扬扬得意，导致下一科考试粗心的情况。考试结束了就过去了，你的情绪影响不了结果，所以不要浪费过多时间和精力在已经发生的事情上。

# 06

第六章

## 意志力铁三角

原来我可以这么自律

我经常收到大家的提问，其中出现频率最高的问题有以下几个：

我不自律应该怎么办？我做事总是拖延应该怎么办？我很自卑，应该怎么办？我喜欢打游戏，喜欢看小说，学习时总是抵挡不住诱惑怎么办？我做事情毅力不够，坚持不下去，总是虎头蛇尾怎么办？……

这些问题困扰着很多人，想要改变却总是无从下手；或者开始改变，坚持自律一段时间之后，又打回原形；或者解决了自律的问题，又觉得自己做事效率低下，还是没有成果，总是被类似的问题困扰着，感觉非常疲惫。

如果你有这样的烦恼，其实是件好事。反思自己的现状，发现问题、试图解决问题，已经是一个好的开始。但是解决这些问题不能头痛医头、脚痛医脚，还需要再多思考一层，找到产生这些问题的原因，抓住核心将其一网打尽。

随着个人的成长、周围环境的改变和目标的调整，问题反复出现是非常正常的。对于这类问题，我通常只抓三个核心，想办法提高自己的专注力（attention）、自控力（self-control）和自信力（self-confidence），这三种力量综合作用可以形成一个"意志力铁三角"。有意识地训练大脑，增强这三种力量能够帮助你由内而外地解决上述问题。

**意志力铁三角**

（专注力、自控力、自信力）

不自律、拖延的本质是自控力不足，控制不好事情的起止点，该开始的时候因为畏难或者懒惰无法开始，应该停止的时候因为沉迷和陶醉舍不得停下来；容易分心、效率不高的本质是专注力不足，容易被外界事物干扰自己原本的计划；自卑、容易放弃的本质是不够自信，不相信自己有能力解决当前的问题，所以选择自怨自艾和逃避。

▼ 自控力：控制做事起止点
— 专注力：控制做事过程中的专心程度
⌒ 自信力：控制自己遇到挫折不放弃

**意志力时间线**

用时间坐标轴来理解，自控力能够让你在生活中主动把控做事的时间起点与终点，控制在个人能力范围内要做的所有事情的开始与结束；专注力能够让你在完成这件事情的过程中，排除外界干扰，全心全意地去做，保证完成这件事情的效率；自信力是在遇到了挫折和挑战时，相信自己的能力，不轻言放弃。

不论是在学习还是生活中，意志力铁三角都能帮助我们解决生活中的大部分问题和挑战。

# 6 个专注力训练技巧

专注力是大脑的选择性注意力。我们的大脑每天都在接收着大量的感官信息，这些信息将外部环境映射到大脑中，大脑过滤一些信息后，选择性地优先处理特定的信息。

对于人如何专注于特定任务的机制，研究领域有两种观点。

第一种是"聚焦"。学者们认为想要达到专注的状态，需要将自己的注意力集中在特定的信息或任务上，就像太阳光经过放大镜汇聚到一点，光线聚集的能量能把纸条点燃。类似地，你的思维也是通过聚焦，汇聚到特定的信息上的。我们经常说学习的最佳状态是进入"心流状态"。心流状态是指人将自己的精力完全投注在某种活动上，从而产生高度兴奋和充实的感觉，心流理论讲的就是注意力的聚焦概念。这个观点告诉我们**想要达到专注状态就要将思绪集中。**

第二种是"屏蔽"。麻省理工学院的神经科学家研究发现，专注力的产生与我们所理解的"集中注意力"恰恰相反。注意力产生时大脑并没有聚焦到必要的刺激上，而是降低了对其他信息的关注度，从而产生了"相对集中"的感觉。这个观点告诉我们，**想要专注，就要屏蔽和降低对其他信息的关注。**

从行为层面上来说，这两种观点并不是矛盾的，都为我们有意识地训练和培养专注力提供了一定的科学依据，可以从内、外两方面指导我们进行专注力训练，例如学会快速集中精力到某一个任务上，培养自己屏蔽和对抗外界干扰的能力，打造合适的学习工作环境，减少外部不必要的刺激等。

## 6 种专注力训练法

### 设定专注时长，养成习惯

明确自己的专注力限度，即全神贯注投入并保持高效从事一项任务的时长。专注时长通常为 30 分钟到 2 个小时不等，大部分人为 1～2 个小时。研究显示，最佳专注时长为 90 分钟，接近于自然生理周期。专注时长结束后，可以休息 10～15 分钟，如做拉伸运动，以释放压力，促进血液循环。休息结束后，记住自己的想法并开始工作。

每个人的专注力都具有一定周期性和波动性，开始进行专注力训练时，建议大家根据日常学习任务，为自己设定固定的专注时长，养成专注习惯。

设定固定的专注时长之前先统计自己专注力持续时间的平均时长，统计方式很简单：

准备一个小本子，开始一项学习任务时就记录下时间，发现自己分心或者暂停学习的时候，记录下停止时间。

连续记录 2~3 天，计算出的平均值，即为专注力持续时间的平均时长。设定固定的专注时长时，以该时长为基础，再按照 20%、30%、40%、50% 的比例去延长。

专注力是消耗性资源，不会无限延长，所以专注期间需要休息和刻意停顿。我们以 1~2 个小时的专注时长为标准，将整体专注时长分为几个时间段，则单次专注时长在 10~30 分钟。所以我们除了要提高自己的单次专注时长，也要提高自己分心之后快速回到当前任务的能力。

计算完自己的单次专注时长之后，大家可以开始给自己设定训练专注力的目标时长。开始时，可以要求自己一定要保持 40 分钟以上的专注时长，在坚持一段时间，等到专注时长稳定后，再按比例适当延长，最终达到自己的目标时长。

**打造自己的环境场**

在本书的第三章，我和大家分享了如何打造自己的环境场，通过闹环境和静环境来训练自己集中注意力和屏蔽外界干扰的能力（详见

P80）。

### 通过声音恢复专注

你有没有觉察到一个现象：当你开始讲话的时候，你的注意力会集中在你所要表达的事情上，并不会过于发散。因为调用大脑的语言功能区之后，注意力会相对集中。所以，可以通过说话来提高自己的专注力，我把这个技巧称为"注音力"。

在上课技巧的章节里，我曾建议大家如果发现自己在课堂上走神或犯困，无法集中注意力时，可以在心中重复默念老师说的话，或者小声自言自语。所以当你专注力不足的时候，可以尝试着将自己想要关注的东西和想要思考的东西，用语言的方式表示出来。用语言引导你的专注力，用"注音力"找回注意力，重新回到学习的心流状态。

### 假装专注，屏蔽外界干扰

我还有一个常用的方式是假装专注，假装专注确实是主动屏蔽外界干扰非常有效的技巧。在学习或工作过程中，如果被外界的人或事干扰，我们可以装作专注，装作听不到。如果直接被打断，也要告诉对方，等你忙完手里这件事再说。

**外部环境是需要"训练"的**。当你被外界环境打扰，做出听不见或持续不给反应的行为时，不光是在训练自己屏蔽干扰的能力，也是在"训练"周围的环境，从而减少外部干扰。

### 思维位移法，让你"与世隔绝"

冥想是一种有效提高专注力的方式，但我是一个思维相对发散和跳跃的人，进行冥想训练的时候，总是找不到门道，感觉很多冥想方式都比较晦涩，不太好实践。所以我采用了一个相对简单的方法，通过思维位移法来训练自己的专注力，以提高自己主动屏蔽外界干扰的能力。当我心情烦躁或者疲惫的时候，我也会用这个方法来调整自己，让自己回到平静舒适的状态。

第一步，找一个舒服的地方坐下或躺下，环境不允许也可以站着。但是坐下训练专注力的效果最好，躺下放松身心的效果最好。

第二步，手臂自然下垂，放松肌肉，闭上眼睛开始深呼吸。吸气3秒，憋气3秒，呼气4秒，重复3~5次，让自己逐渐平静。

第三步，集中注意力到自己的脚趾，感受脚趾与地面接触的感觉。再慢慢把意识移动到膝盖，感受膝盖的存在感。再慢慢把注意力移动到腹部，感受腹部因呼吸产生的起伏。再慢慢将注意力移动到心脏，感受心脏的跳动，再将注意力慢慢移动到肩膀，调整呼吸让肩膀放松；再慢慢将注意力转回到呼吸上。再吸气3秒，憋气3秒，呼气4秒，保持呼吸3次。

整个过程5~10分钟，只要你集中注意力，逐步感受你的身体，你就会发现你基本可以屏蔽外界的声音和内在让你心烦的思绪，结束之后你会感觉非常平静。这不仅是一个非常好的专注力训练方式，也是一个有效的放松方法。

**通过游戏提高专注力**

你有没有发现，在玩游戏的时候，自己基本上处于一种全身心投入，无暇他顾的状态。尤其是对于儿童、青少年和自控力不足的成人，通过游戏来训练专注力是非常好的方式。

但是选择游戏来进行训练的时候，有3点需要注意。

选择益智类且不易沉迷的游戏，还可以和自己的短板学科结合，提升自己对短板科目的兴趣。例如：英语不好，可以选择英语填词游戏；数学不好，可以玩数独，等等。

游戏要"脱机"，即脱离电脑和手机，以免在玩游戏的过程中被其他的诱惑干扰。

训练要有持续性，选择每天相对固定的时间段，至少花费10~15分钟的时间进行专注力训练，坚持两周的时间你能感受到自己的专注力有明显提高。

心理学上有很多帮助大家训练专注力的小游戏，大家可以去查阅相关资料和图书，这里给大家介绍一个应用较为广泛的舒尔特方格训练法。

"舒尔特方格"是美国神经心理学家舒尔特发明的训练飞行员的方法，主要是通过视觉、听觉、动觉训练专注力，并针对专注力的稳定性、转移、分布等特点进行训练。这种方法简单有效，在普通人中得到了广泛应用。

舒尔特方格的训练方式是在一张方形卡片上画 25 个方格，格子内随机填写阿拉伯数字 1～25，共 25 个数字。训练时，被测试者要按照 1～25 的顺序，依次用手指指出其位置，同时诵读出声，见下图：

| 1 | 11 | 22 | 19 | 7 |
| --- | --- | --- | --- | --- |
| 20 | 15 | 2 | 13 | 21 |
| 5 | 24 | 6 | 25 | 8 |
| 14 | 9 | 18 | 23 | 3 |
| 12 | 17 | 4 | 16 | 10 |

**舒尔特方格**

诵读排序时间越短，说明被测试者越专注。舒尔特方格不仅可以用来测量儿童专注力的稳定性，坚持每天练习，还可以大幅度提高专注力水平。大家可以从网络上下载舒尔特方格，或是使用相关软件来训练自己的专注力。

此外，想象力训练游戏也可以起到训练专注力的作用。这里给大家介绍一个我常用的想象力训练游戏——荒山种树。

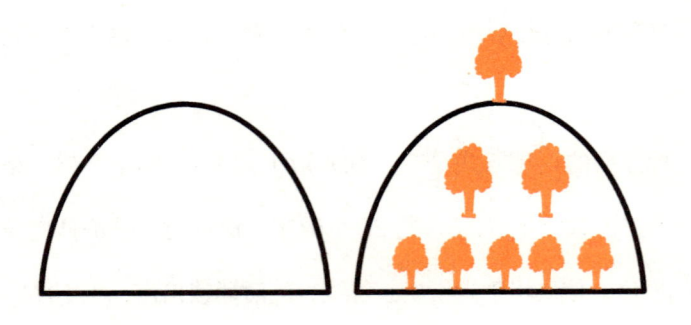

**荒山种树想象力训练游戏**

想象你面前有一座光秃秃的荒山。你准备了一些树苗,要在这个山上种树,让荒山重现郁郁葱葱之貌。第一次训练,你可以先种5棵树。想象自己在山坡上,用以下步骤来种树:挖坑,放树苗,填土,浇水(一定要想象这些动作)。种好一棵树苗之后,继续想象种下第2棵、第3棵、第4棵、第5棵。种完之后再想象山上有了你种的5棵树的整个画面,可以想象小树苗逐渐长成参天大树,想象之后可以睁开眼睛放松一下。第二天训练,在保证专注不分心的情况下逐渐增加自己种树的数量,逐渐延长训练时间。

除了以上的例子之外,你也可以选择一款你感兴趣的益智游戏作为训练专注力的载体,比如五子棋、英语填词九宫格、成语接龙等。

时间是我们生命中最为宝贵的东西,用一分则少一分,用一秒即少一秒,永远没有回头路。既然你已经决定要花费相应的时间完成某项工作,就应当全神贯注投入其中,提高专注力,提高工作效率,这等同于延长你的生命。不论是学习、工作还是生活，专注当下，一心一意能让你更加充实和快乐。

# 7个自控力训练方式

自控力是意志力铁三角中控制工作和学习起止点的能力。自控力强的人，能很好地控制自己，做任何事情都能控制好开始和结束时间，体现出自律、执行力强、不拖延等特点。其实自控没有想象中复杂和困难，我认为本质是要学会控制自己的冲动，做自己的主人。

凯利·麦格尼格尔（Kelly McGonigal）在《自控力》（*The Willpower Instinct*）一书中指出大脑的前额皮质的主要作用是让人选择做更难的事情。具有钢铁般自控力的人前额皮质都较为发达，而前额皮质受到外伤之后，曾经非常自控的人也会变得焦躁易怒，容易失去耐心和冲动。而生活中的一些行为习惯，如醉酒、缺觉、分心都会影响前额皮质的稳定性，让你更容易冲动，自控力更差。不过好消息是，如果你持续不断地进行自控力训练，前额皮质的稳定性会更强，克制冲动的能力也会增强。所以即便你对自己当前的自控力不满意，被拖延、沉迷游戏等问题困扰，也依然可以通过训练，让自己的自控力变强。想要提升自己的自控能力，可以参考以下方法。

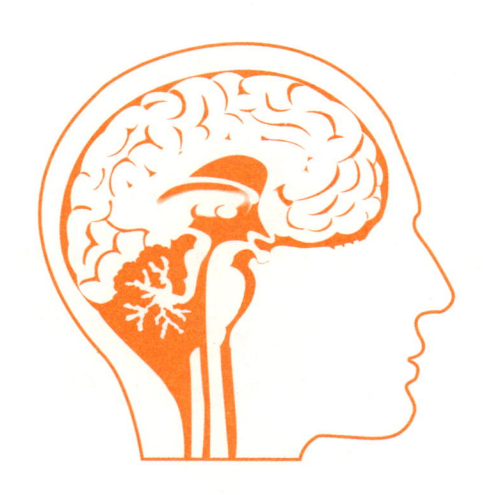

**大脑示意图**

## 给冲动按下暂停键

不自控通常有两个表现：一是本该做的事情迟迟不能开始，每当想要开始时，做其他事情的冲动代替了原本的计划，打乱了节奏，导致事情难以启动；另外一个原因是，在完成计划中的工作和任务时突然产生了做其他事情的冲动，让你提前停止了手里的工作。

比如当你正在写作业时，同学打电话找你出去踢球或者喊你去吃火锅，很多时候你非常开心地去了，开心完回来，面对必须完成的作业又会开始紧张和沮丧；或者你在刷微博的时候突然想起来作业还没写完，于是开始紧张地刷微博，这时写作业的正向冲动没能对抗玩手机分泌的多巴胺，所以你无法停止。

要解决这个问题，我通常会在冲动产生时，按下暂停键，这是我认为训练自控力最好的方式之一。绝对不能在不经思考的情况下被冲动牵着走，而是要稍微暂停一下，暂停 5 分钟，先判断再行动。

就像是打地鼠一样，当冲动产生，地鼠探出头，先暂停，做判断，看这只地鼠是好是坏。如果是坏地鼠，就用锤子把它打下去；如果这个冲动是正向的，是好地鼠，你可以跟着它行动，比如突然想起自己的工作没做完，就放下手机去处理工作。

冲动的感觉会随着时间减弱。暂停 5 分钟后，很多负面冲动就消失了，你就可以回到当前的工作上来。所以冲动产生后，按暂停键，先判断，再行动。

专注力是存在波动性的，所以我建议将每天最重要的、对你影响最大的事情，放在自控力最强的时候来完成。

## 分离执行者和决策者

自控力不足的人会有一种人生难以掌控的感觉，认为自己似乎不是自己的主人，很容易被外界的事物干扰，想要完成的事情总是不能完全受自己掌控。对于这个问题，我有一个很好的解决方法：当你要做一个决定和选择的时候，可以尝试着去分离这一行为的执行者和决策者，即把你自己的内心一分为二，一半负责做判断和决策，另一半负责执行。

在做一些比较重要的决定之前，我会先用提问的方式问自己：这件事情是否重要？做了会有什么影响？是否一定要现在做？再从旁观者的角度来客观回答。得到回答之后再切换回执行者的角色，开始执行这项命令。

比如当下我在写书，抬头刚好看见我妹在吃零食，我也非常想吃，但是我会问我自己：这件事情是否重要？做了会有什么影响？是否非要现在做？从旁观者的角度，我得到的回答是吃零食并不重要，反而会打断我当前的工作。写作的过程一旦被打断，重新进入状态耗费的时间会更长。得到回答之后，我决定应该继续写作的过程，然后切换到执行者的层面，执行自己的决定，继续写作，写完再吃零食。

另外，这个方法可以与"代入法"结合使用。你可以想象你心中是两个人：一个是你的榜样或者你想成为的人，负责决策；另一个是你自己，负责执行。当冲动产生，要决定是否去做时，你可以思考，如果他面对这样的事情他会怎么做？得到答案之后再去执行。

比如很多同学都喜欢的运动健将苏炳添和影视明星易烊千玺，他们都属于在自己的领域不仅有天赋还非常刻苦努力的人。如果你的榜样是他们，在你想要完成一项学习任务却突然想吃火锅或者玩游戏的时候，你可以想想苏炳添在训练时或易烊千玺在拍戏时，是否会选择在中途停下来吃火锅或打游戏？如果得到的答案是他们不会这么做，那就向他们看齐，控制好自己的冲动。

## 警惕微习惯陷阱

我曾给大家推荐过我非常喜欢的一本书《微习惯》(*Mini Habits*)，这本书讲述了一种训练自控力的有效方法。例如要健身，就从每天做一个俯卧撑开始，将任务碎片化，弱化对新任务的恐惧感，建立新的行为惯性。但是这个方法如果使用不恰当，可能会陷入低目标的消极循环中。

例如部分同学为了养成新的习惯，开始拆解自己的学习任务。以记单词为例，原本可以强迫自己每天记 100 个单词，经过拆解后，现在从每天记 5 个单词开始，再到 7 个、8 个、9 个。执行微习惯之后，虽然确实可以坚持记单词了，但是每天记忆的单词数量不够，总量就不及拆解之前。如果增加每天记单词的数量，会和之前的方法一样疲惫且效率不高。

用微习惯作为训练自控力的起点是完全没有问题的，但如果一直停留在微习惯，你就掉进了它的甜蜜陷阱，你的自控力、意志力都会减弱，未来面对难题和较重的任务会更容易恐慌。所以在微习惯开始的同时，一定要记得在训练过程当中给自己加码，把微习惯变成真正的习惯。

## 反向使用多巴胺

做让自己觉得快乐的事情，似乎不需要自控，比如吃高油、高盐、高糖等不健康食品，玩游戏、刷短视频、追剧等休闲娱乐活动。这些满足我们原始低级快乐的事物经过商业加工之后围绕在我们周围，并持续不断地精准刺激大脑分泌多巴胺，让我们感受到快乐，不断消耗自己的时间、精力和资源沉迷其中。

多巴胺既是天使也是魔鬼，走不出它的快乐星球就无法实现自控，但是也不是全无办法。鉴于多巴胺的特性，你可以通过反向使用多巴胺，将快乐转移到其他应该做但是没有那么快乐的事情上。

反向使用多巴胺可以参考以下两种方式。

同步快乐。把让你觉得快乐的任务与其他任务结合起来。例如追剧让你快乐，健身却很难开始，那么你可以将追剧和健身任务绑定起来，只有运动的时候才允许自己追剧。

延迟满足。完成一件棘手的工作之后，给自己安排相应的奖励。把对未来奖励的期待，转化到当前觉得困难或不愿去做的事情上。比如你现在特别想吃零食，那不要让自己即刻满足，而是借助自己的欲望让自己提前完成一项任务，把吃零食作为完成这项任务的奖励。

大脑在进行当前的任务时，会因结束后的收获而刺激多巴胺的分泌。任务结束享受奖励的时候，大脑分泌的多巴胺会加强和巩固自我挑战模式。

反向使用多巴胺的两个方式一个是同时，一个是延后，那么前置享乐可行吗？我不建议大家前置做能让自己分泌多巴胺的活动，再开始目标任务。因为多巴胺一旦开始分泌，就很难停下来，你会花费比想象中多的时间进入工作状态。比如开始写作业前先玩游戏，回家之后先躺下玩手机再学习，最后结果可想而知。

## 用未知奖励让自己积极自控

未知的期待与已知的奖励相比，更能激发你的动力。可以学习游戏的奖励设置机制，设置奖励盲盒，以此提升积极自控的动力。就像是游戏获胜之后的百宝箱，给大脑带来未知的期待。

把近期想要的东西和想做的事情写在小纸条上，放在纸盒子里。当自己完成具有挑战性的学习任务，或者完成自控力训练的时候，可以去抽取盲盒当中的奖励，奖励可以是你最近想买的衣服，想吃的美食，想听的演唱会和想看的电影，等等。此外你还可以找父母，在盲盒里放一些他们愿意给你的奖励，你积极自控的动力会更足，会更加期待。

未来你会发现，当你进入社会之后，价值交换是社会运转的基本逻辑。你的吃穿住行需要靠你工作产生的收益（工资）来交换，所以进入社会之前，你可以先做个"社会人"和自己做交易，用努力去交换娱乐。

## 13分钟延时法

13分钟延时法是指，当没有到学习计划的既定结束时间，但是感觉自己已经坚持不下去，想要中途放弃的时候，告诉自己再坚持13分钟，然后再决定是否真的要停止。对我而言这是提高自控力的有效方式，它通常可以起到两个作用，一是帮助你控制冲动，二是帮助你突破极限。

大一的时候，体育老师训练我们长跑，规定是跑不完1600米体育课就不及格。我那时候身体很差，800米也很难一口气跑下来。两个多月的时间，我每天晚上10点准时去操场跑步。北京的冬天寒风割面，加上呼吸方式不对，嗓子像针扎一样疼。在很长一段时间里，我跑两圈就坚持不下去了，必须停下来休息。偶然一次咬牙挺过去，一口气跑了5圈。我发现只要突破那个精神疲惫、濒临放弃的临界点，我还能坚持很长一段时间。于是我把这个方法用到了学习上，考试周复习很累，不想继续的时候，就告诉自己再坚持13分钟，很多时候又继续学了很久。

所以当你想放弃的时候，告诉自己，再坚持13分钟，等到13分钟结束，很大概率你会继续完成当前的任务，直到结束。

为什么选择13分钟，不是5分钟或者10分钟呢？研究表明，10分钟左右大脑可以从冲动状态冷静下来。但是因为生活习惯，我们对于5分、10分、15分这样逢五逢十的时间段非常敏感，而13分钟介于敏感时间段之间，很多时候继续坚持13分钟，一眨眼已经过了15或者16分钟了，也就更容易坚持完成当前的任务。虽然这个方法有欺骗大脑的嫌疑，但是正如望梅止渴、画饼充饥一样，骗骗你的大脑对训练自控力也是有效的。

## 张弛有度，循序渐进

训练自控力就是训练自己能够按照计划落实学习任务起止点，也就是训练自己，在该开始的时候开始，在该停止的时候停止，不该做的事情不开始，该做的事情不犹豫。这是最理想的状态，但是即便再伟大或再优秀的人，也无法做到事事明辨，时时自控。

自控力是一种消耗性资源，也会发生波动。所以，在生活中的大小事上都保持强大的自控力，不仅不现实，也没必要。其实生活可以非常惬意，你只需要把自控力放在重要的事情上就好，而其他时刻，请适当放松自己，提高自己的幸福感。

自控力需要有张有弛，进行自控力训练的时候，也需要循序渐进。一次只养成一个自控习惯，不要多线并行，才更容易成功。另外，当你身体疲惫或者能量不足时，可以让自己睡上一觉好好休息，再适当补充能量，你的自控力也会增强。

以上就是提升自控力的一些训练方法，大家可以根据自己的情况去选择合适的方法，但是一定记得要坚持训练，只有坚持才能看到成效。其实，不自控比自控更痛苦，只不过一个是结果痛苦，一个是过程痛苦。

很多人因为面子，对别人总是一诺千金，对自己却总是失信。但要知道，你的人生是掌握在自己手里的，不应该随波逐流。以上训练方法也许你都知道，但是很多时候人与人的差别在于，他们做了你明知该做却又不想做的事情，从而成了你想成为却成为不了的人！打铁还得自身硬，提高自控力，才能做自己的主人。

## 3 种思维提升自信

自信也是一种能力，第一次听到这个说法是我在牛津大学交流的时候。我遇到了一个非常自信的外国朋友，面对生活当中所有未知的困难与挑战，他总是能充满信心和勇气，他告诉我"Self-confidence is still a skill"。

既然自信也是一种能力，那就是可以通过学习和训练不断加强的。因为出生于贫困县城，个子不高，说话口吃，遭受过校园霸凌，所以我一度是一个非常自卑的人。我的自卑属于阶段性循环自卑，哪怕我补足了当前自卑的短板，进入了新的环境，我也会因为其他原因再次陷入自卑之中。例如：最开始我因为成绩差自卑，后来成绩好一些；上高中大家都长高了，我又因为身高而自卑；再到上大学，发现周围的同学家境比我优渥太多，又陷入了家境的自卑；等等。

自卑的人一旦发现自己的缺陷，就会很容易将其放大，陷入消极的情绪难以自拔。其实，很多人在成长过程当中都会遇到这样的阶段性自卑，想要化解，也有办法可以遵循。

其实心理学有很多的方法，可以训练自己变得更加自信。例如视觉法，在准备考试或者比赛的时候，通过想象未来成功的画面来提升自己对于完成这件事情的自信。还有哈佛大学教授艾米·卡蒂（Amy Cuddy）火遍华尔街的一场 TED 演讲，她通过社会学理论和相关研究结果表明，我们可以通过挺拔的站姿、大步行走、舒展自己的四肢以及与人进行交谈时直视对方等方式来调节身体的睾酮和可的松的分泌，从而让自己立刻获得自信的感觉。

但视觉法对我而言有个弊端，太过频繁地畅想未来成功的画面会降低我对该任务难度的评估，容易让我马虎轻敌。艾米的方法对于上台和面试等场景是非常有用的，但是也无法让我在日常生活中，尤其是面对挫折时拥有持续的自信。

我经常对自己讲 3 句话来提升自己的自信，这 3 句话背后是 3 种不同的思维方式。

## 隔离型思维

第一句话我一般放在心里说，有点粗鲁但非常好用，就是："关我屁事！"（It's none of my business!）这句话就体现了一种明显的隔离型思维，即将自己的思想、行动与外部环境隔离，不因外部的评价影响自我能力的判断。

很多时候不自信并不是源于我们不认可自我能力，而是别人对我们的负面评价，让我们怀疑自己。面对外界的否定、质疑、猜忌，你需要在心里告诉自己关我屁事，用隔离型思维隔离自己和外部评价。别人的言论和评价，只要你不在意就影响不了你，你越在意就越容易被别人的评价捆住手脚。

上小学和初中的时候，很长一段时间我说话结巴，口齿不清，吞吞吐吐。让我痛苦的其实不是口吃本身，而是每一次我努力想要突破这个障碍，举手回答问题却说话卡壳、吐字不清的时候，同学们都会哄堂大笑。还有些调皮的同学时不时会跟在我身后学我说话，对我指指点点。当时我经常因为这件事情掉眼泪，最后忍无可忍，决心一定要改掉这个毛病。于是我屏蔽了外界对我的所有评价，对自己说"关我屁事，他们怎么想与我无关"。

从那以后，上课只要有机会，我就会举手回答问题，下课以后还拿着语文课本，不停地训练自己的发音和吐字，我还会抓住一切可以登台的机会，比如参加广播站培训、当演讲比赛的替补队员等方式来训练自己。那段时间，失败和被嘲笑每天都会发生无数次，但我会在心里默念"关我屁事"。

后来情况意外好转了，因为我不断尝试和"自虐"，对他们的评价没反应，大家觉得无趣就懒得再笑话我，也懒得再评价我了。经过无数次的练习，我改掉了口吃的毛病。

上大学之后，为了进一步训练自己的语言表达能力，我参加了很多次演讲比赛，从最开始连初赛都过不了，到最后多次获得了校级和北京市级的演讲比赛冠军。

现在很多人会觉得我说话语速较快，口才很好，也很自信，但他们都不知道，我的自信是通过隔绝外部负面评价，再通过不断训练得来的。"关我屁事！"（It's none of my business!）隔绝外界负面评价，尊重内心，继续前行，相信自己，时间会证明一切。

## 成长型思维

第二句话是"**我不会，但是我可以学**"，这句话是成长型思维最简单直接的应用。成长型思维是斯坦福大学心理学教授卡罗尔·德韦克博士（Carol S. Dweck）在《终身成长》（*Mindset: The New Psychology of Success*）一书中提出的信念体系，也被认为是很多成功人士成功的原因。这一思维认为人的智力与能力是可以通过坚持努力以及专心致志的学习得以成长的。

曾经一度非常流行作家马尔科姆·格拉德威尔（Malcolm Gladwell）在《异类：不一样的成功启示录》（Outliers: The Story of Success）中提出的 1 万小时定律："1 万小时的锤炼是任何人从平凡变成世界级大师的必要条件。"天才的卓越非凡来源于持续不断的付出和努力，这一观点背后的逻辑也是成长型思维，很多研究也证实了拥有成长型思维的人，成功的概率往往会更高。

不论你当前处于什么阶段，因为任何能力或知识的短板而不自信，都可以通过成长型思维来改变自己的认知。"我不会，但是我可以学"这句话的正确解读是，当前能力不够并不代表我不行，只要给我时间，我有信心可以学会所有我想学的东西。如果在一件事情上比较有天赋，就少花一些时间，如果天赋不够，就多花一些时间。

你要相信所有人从一个嗷嗷待哺的婴儿成长为现在的样子，99% 的知识和能力都是通过学习获得的。所以当你觉得自卑，觉得比不上别人的时候，你要告诉自己，他们所拥有的能力，也是学来的，他们可以，你也可以。闻道有先后，术业有专攻，你只是需要一些时间和努力。

## 提高挫商

第三句话是**"我把失败当学习"**。挫折、失败、没有正反馈是我们难以保持自信的常见原因。面对失败，很多人会怀疑自己的能力，否定自己的付出，从而半途而废，给自己设限甚至是一蹶不振，不愿意再次尝试。

我很久没有对自己说过"我失败了"，不是因为我没有失败，而是我不把失败当失败，我把失败当学习。你犯过的错有时比你更懂你自己，所以失败的经历是非常宝贵的，只要还想前进，就可以通过对失败的分析和学习，获得进步。

你有没有发现，越长大，我们似乎越容易因为失败而不自信，越容易否定自己？成年人往往难以接受自己的失败，小朋友面对失败则更加坦然。拿最简单的走路来说，小时候的我们摔倒多少次才学会了稳稳当当地行走，而长大后，如果哪天走在路上不小心摔倒，很多人都会羞红脸，不自觉地害怕周围人看自己的眼光。我们很多时候都忘记了，走路、说话、搭积木、考试等成长所获得的绝大部分经验都是从失败中来的。

长大之后，我们给失败赋予了太多不必要的含义，从而不敢失败。大器通常是晚成的，这世界上没有那么多天才，真正要成就一番事业的人一定需要时间不停地试错和打磨，失败太正常了。你只是需要多一些时间，多一次尝试。

我认为，唯一的失败只有一种，那就是放弃。所以我不把失败当失败，而把失败当学习，只要还活着，再努力，再尝试，这件事情就有可能做好。用这样的心态去面对挫折，你会少一些懊恼，多一些从容，多一分自信，慢慢地也会更接近自己想要达到的目标。

07

第七章

**终生学习，勇攀高峰**

## 大学成绩、社团、人际关系的真相

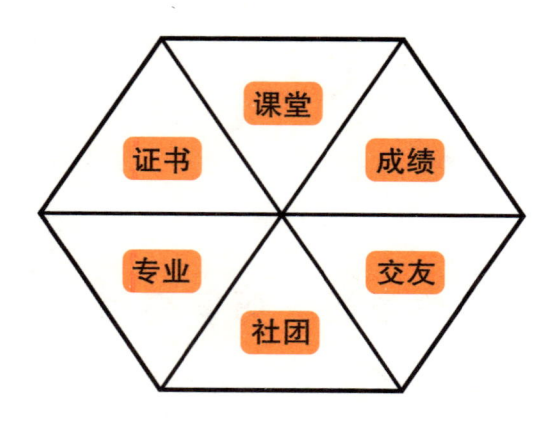

**大学安排示意图**

（图中标注：课堂、成绩、证书、专业、交友、社团）

高中的时候，老师和家长也许会经常给你灌输一个观念：上大学就轻松了。我想告诉你，这是一句不折不扣的假话。

上大学之前，其实我们的生活都非常简单。每个人的主业就是好好学习，获得好成绩，生活也围绕着这个中心展开，简单而充实。

然而上大学之后你会发现，大学是一个小型社会。从迈进学校的第一天开始，你的生活可能变得丰富多彩，也可能会让你焦头烂额。因为你要面对的，除了学习还有很多其他问题，例如参加社团、交友、实习、考证等。没有了老师和家长的监督，你生活中的所有权利都交还到自己手中，你可以自行安排你的时间、精力，以及金钱。从这一天开始，你将为自己的人生掌舵，船往哪儿走，由你决定。

对于绝大多数同学来说，成绩、社团、交友、证书这几个主题是无法避免的，它们共同构成了大学生活的主旋律。你的每一次决策都决定了船行驶的方向和速度。

每年的 7 月和 9 月是大四老生毕业和大一新生入学的时间。如果仔细观察，你会发现一个现象：每年 9 月，大一新生入学，大家迈进校园的那一刻，脸上都挂着笑意，踌躇满志，眼神里充满了对未来生活的憧憬和期待；但每年 7 月，大四毕业生离校的时候，大家却神态各异，有人眼神坚定、满面春风，有人却双目无神、步履沉重。大学只是一个起点，笑到最后的人才能笑得最好。

如果你尚未踏进大学校门，或者还在象牙塔内，你就可以开始思考，自己将用什么样的姿态退场。这个答案，取决于你如何度过自己大学 4 年的时光。

## 大学课堂真相

### 优秀的学生都会抢课

告诉你一个真相，大学里的优秀学生普遍都会抢课和"逃课"。因为不论是在哪个大学，是本科还是研究生阶段，优质的课程和老师都是稀缺资源。所以面对重要以及优质的课程，当抢则抢，抢到意味着赚到。

我上大学的时候，优质的专业课和高水准的选修课总是大家争抢的对象。选课期间，大家都会守在机房或宿舍，等放课的那一瞬间拼网速和手速去抢课。抢到好课的同学就跟中彩票一样，会发出阵阵欢呼；没抢到课的同学就非常沮丧，好像输掉了一场比赛，立刻想后续应该怎么办，是否可以去旁听，等等。不论是在北京交大还是北大，很多没有抢到课的同学都会自行准备板凳去蹭课。

如果当天有重要的课程，我早上起来第一件事情就是去占座位，占好座位再回宿舍洗脸吃饭。不仅是我，很多同学也一样蓬头垢面地去占位子，大家也不觉得尴尬，反而会心照不宣地相视一笑。

### 要想成绩好尽量坐前排

大学里面流传着一张座位分区图，老师和同学都默认不同的座位区间代表着不同的学习氛围、不同的学习态度，也会产生不一样的学习效果。

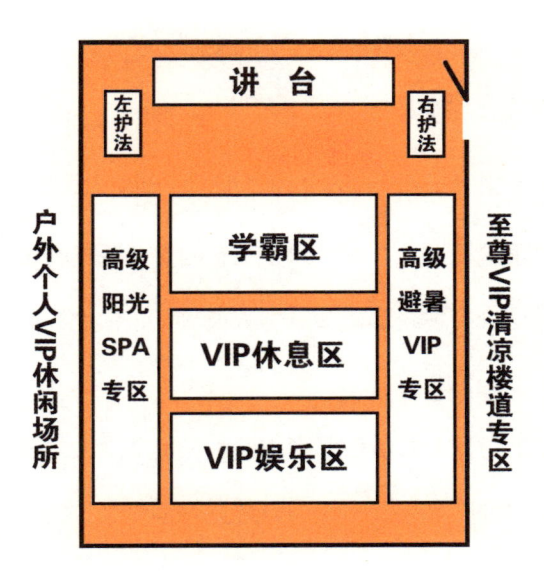

```
                  讲  台
        ┌──────────────────────┐
        │ 左         右        │
        │ 护         护        │
   户    │ 法         法        │  至
   外    │                      │  尊
   个    │ 高   学霸区   高     │  V
   人    │ 级            级     │  I
   V    │ 阳            避     │  P
   I    │ 光            暑     │  清
   P    │ S   VIP休息区  V    │  凉
   休    │ P             I     │  楼
   闲    │ A             P     │  道
   场    │ 专            专     │  专
   所    │ 区   VIP娱乐区  区   │  区
        └──────────────────────┘
```

**大学课堂座位分区图**

这张图虽然是玩笑，却非常写实。因为大学的教室普遍比较大，所以很多同学都会抢前排，以便集中注意力吸收知识，同时和老师互动。后排多为休闲娱乐区，两侧因为视线过偏，加上反光不太能看清黑板，所以很少有人坐。

如果你想要成绩好，尽量坐前排。上课的时候和老师保持眼神互动；下课的时候多问老师问题。这样简单的两个操作能够直接提高你的平时分，同时你也能够在学习的过程中通过老师及时进行答疑解惑，避免期末考试从预习开始的尴尬。

**好手机不如烂笔头**

上课千万不要玩手机，上课千万不要玩手机，上课千万不要玩手机。

重要的事情说三遍。在大学课堂上，偷着玩手机是没有人管的，但如果你养成了这个习惯，那成绩基本就没救了，你也没必要坐在教室里浪费时间。

刚上大学的时候，我听信了高中老师说的"上大学就轻松了"，所以我上高数课时都在玩手机。我当时还觉得很奇怪，为什么只有我在玩手机，别人都在认真听课，难道他们的老师没告诉他们"上大学就轻松了"吗？

直到第一次高数期中考试后，46分的成绩打醒了我。读书这么多年，哪怕是成绩不好的时候我也没有考过46分，而周围的很多同学都及格了，还有人考到八十几分。那一瞬间我突然惊醒，开始认真听课，幸好期中考试成绩不算在绩点里，否则我不可能有资格保研。

手机不是你的笔记本。很多同学上课的时候，特别喜欢用拍照的方式把PPT和老师的板书拍下来，然后就放在手机里不管不顾了。如果老师讲课节奏快，或者确实来不及抄在笔记上，你可以先用手机拍下来，但是课后一定要进行整理，而不要让你的手机变成你的笔记本，再高的像素也比不了你的烂笔头。千万不要在期末考试周的时候，翻出上千张照片，从头开始整理，你的时间一定不够用，效果也一定不会好。

## 大学高分秘籍

**大学成绩依然是王道**

"不挂科的大学不完整"，这句话是一瓶毒药！

在大学里，成绩仍然是王道。成绩是1，社团、实践、比赛、实习等都是后面的0。如果没有前面的1，后面的0再多都无济于事。但如果有了前面的1，后面的每一个0都是在为大学生活增光添彩。

为什么说大学成绩仍然是王道？因为绩点越高，大四毕业后你就有越多的选择。大学毕业之后大家通常有两个方向，要么继续深造，要么直接就业。现实的情况是，学历不断贬值，有的人不会选择直接就业，而希望自己有继续深造的机会。而选择直接就业的同学就会面临企业的面试，很多企业在这一环节也会看面试者在学校中的成绩排名，以此判断其学习能力。

大学毕业后的深造途径分为几类：考研还是保研？出国还是留在国内？读硕士还是直接攻读博士？同样，对于这3个问题来讲成绩也是非常重要的。绩点高，你可以直接保研，如果保研的学校你不满意，还可以考研；绩点高，申请出国留学也更容易去排名靠前的学校；绩点高，你可以选择直接攻读博士学位，如果不喜欢，也可以选择读硕士。

为什么大学成绩仍然是王道？因为绩点越高，选择越多，道路越广。

**用好两个时间，让你轻松得高分**

大学的工作和任务非常烦琐，每个人的目标和提升诉求都不一致。如何平衡学习与社团、交友、实习的关系，其实也有诀窍。你不必像初高中一样，把每天的全部精力都用在学习上，那样会错失其他的锻炼机会，但是有两个时间是必须用好的：课堂时间和考试周。

如果你能用好这两个时间，成绩一定差不了，挂科也是不可能的。如何用好课堂时间我就不赘述了，可以参考书中有关课堂学习的建议（详见 P107）。

从课堂学习的角度来讲，初高中和大学的学习逻辑没有太大差别。只是大学里每节课的信息量会更大，老师讲授的课程深浅层次各有不同。你需要提高抓取关键信息的能力，保证百分百专注，不理解的问题及时梳理，再按照适合自己的笔记法，完成课堂上必要的步骤，提高课堂效率。课堂时间用好了，课下及时完成作业，剩余的时间就可以用在社团、实习、交友等活动上，让你的大学生活全面开花。

第二个重要的时间是考试周。北大流传着一个段子——"北大的学生一天能学 24 个小时，一周能学 7 天，一学期只学 2 周"，生动描绘了北大学生在考试周忘我学习的状态。

大学里成绩优异、社团能力强、社会实践经验丰富的同学一定会把考试周用到极致。平常大家可以多用一些时间参加各种各样的社团活动和比赛，但是考试周一定要沉下心来，拿出高三的状态来备考。

上大学的时候，我并不会等完全结课再开始复习，而是提前两周开始分科复习，我的考试周也会比学校安排的提前两周。我的考试周作息基本上是早上 6:00 起床，一直在图书馆学习到晚上 11:00 ~ 12:00，再回宿舍。

但是切记，努力复习是好，但不要过分熬夜，这会影响记忆力、效率以及考试状态。

**要拿高分，选课也是一门技术**

大学的成绩评定有个特点：期末的考核方式通常是由各授课老师自行决定的，试卷也是由各授课老师自行出题并批改的（有的会让助教批改）。这就意味着，老师出卷和给分没有统一的标准。

如果你想要获得较高的绩点，选择均分高的课也很重要。不论是选修课还是必修课，选课前一定要先咨询师兄师姐：老师上课的水平怎么样？课程的难度怎么样？期末是哪种考核方式？老师给分怎么样？……有的老师上课上得很好，但给分非常低，如果你选了这样的课程，即便你学得非常努力，成绩也会拉低整体绩点。如果你一开始就有了深造的目标，在选课的时候还是需要谨慎，避免踩雷。

当然，大学学习不必如此功利，还是要多给自己一些探索的空间，培养自己各方面的兴趣。在这种情况下，我觉得旁听是一个很好的选择。比如有一门课你非常感兴趣，老师教得好，但是他给分很低，会影响你的整体分数，你可以不选择他的课，去旁听一样能学到东西。

我曾经就吃过这样的亏，选了我很喜欢的老师的数学课，但是却不知道他给分特别低。这门课的期末考核方式是论文，老师最终的主观评价分数不到85分。而我的其他数学课基本都能考到95分以上，所以一门不到85分的课，差点影响了我那一年的奖学金。还有一位老师，虽然授课水平一般，但是觉得学生们很不容易，分数会影响大家申请学校，所以他画重点都画得非常实在，每次只要说"看好了，这道题也许会考"，这个知识点基本就会出现在试卷上。在满足学校要求的给分区分度的情况下，他的学生考试成绩整体都非常高。正因如此，他的课被誉为"涨绩点神课"，也非常难抢。

## 解救专业不满意

### 转专业要趁早

上大学后，如果被调剂到不喜欢的专业，或者发现自己选择的专业与未来规划不适配，又或者确实不喜欢专业相关课程，可以考虑转专业，并且转专业要趁早。

一般来讲，大多数学校转专业的时间是大一下学期。所以当你发现不喜欢自己的专业，要及早去教务处咨询转专业的时间以及相应的流程。通常转专业需要由学生本人申请，经所在院（系）批准，拟转入院（系）审核同意，由教务处审批后办理。很多学校还需要通过转专业考试，这就意味着同一时间你要比其他同学学习更多的知识，付出更多的努力。

转专业，不是一件特别容易的事情，也有失败的风险，所以一定要想清楚，并且及早准备。我周围有一些转专业的同学，转完后发展得非常好，也有个别同学转完之后非常后悔。所以在转专业之前，你需要去了解自己想转去的专业的课程体系以及未来的发展方向，有必要的话可以去旁听课程，避免转到了自己"想象中的专业"，最后发现还不如"原配"。这样的话，除了留级再转，就没有回头路了，也会浪费不少青春。

**双学位让你拥有双重竞争力**

很多大学都有辅修其他专业或修双学位的选项，如果你不喜欢自己的专业，除了转专业以外，还可以去辅修或者再修一个学位。另外，对于有自我要求、想要提高竞争力、想要更充分地利用好大学资源和时间的同学来说，辅修一个专业或者修双学位是非常不错的选择。

我当年在北京交大上学时，学校不允许修双学位，只允许辅修。我大二下学期才了解到这件事情，所以留给我的时间非常有限，最后没能实践。所以如果想要辅修其他专业或修双学位，建议从大一开始去了解和准备。而我的博士室友，本科就读于华中师范大学，她在本科期间修了武汉大学的英语专业，所以毕业之后拿到了华中师范大学和武汉大学的双学位。她说虽然大学修双学位基本上就没有太多休息时间，但是感觉很值得。她不仅是专业第一，也是学校第一位成功保研到北大光华的学生。

其实不只是武大、清华、北大，还有很多高校也会定期开设一些寒暑假学习班、辅修班，大家一定要多了解。这样即便你没能通过高考进入你心仪的学校，也许可以通过辅修或者双学位的方式去实现自己的心愿，从而提高自己的竞争力。而如果你已经想好未来去某个学校深造，提前辅修该校的课程或者双学位，最后去该校读研、读博的成功率也会提高不少。

## "钩心斗角"的学生社团

### 社团钩心斗角，到底如何选择

之所以说大学像个小社会，很大一部分原因是学校里有各种各样的社团或学生组织。很多同学不喜欢社团，是因为大家会为了利益钩心斗角。社团到底要不要参加？我的答案是，如果你需要锻炼自己的交往能力、协作能力和管理能力，参加社团是非常必要的。

"社会必修课"是很难逃掉的，即便大学不去处理钩心斗角的关系，进社会后也需要处理。但是建议大家不要在大一参加太多社团，参加1~2个比较合适，一个学期最多不要超过3个。因为过多的社团活动势必会影响正常的学习，别忘了成绩才是王道。而在社团当中如果想要得到真正的锻炼，最好要做到部长及其以上的职位。

加入什么样的社团或者组织，需要根据你的个人兴趣和未来的发展规划。如果希望社团履历能助力你的实习或者未来的工作，学生会、团委以及研究生会最合适锻炼组织能力；也可以参加其他兴趣类的社团，寻找一些志同道合的好友，比如科学技术协会、舞蹈团、动漫社；等等。**在社团的选择上，建议大家参加一个校级社团和一个院级社团。**校级社团能够扩大你的交友范围，让你对其他学院的学生有一定的了解，而院级社团有助于你在学院内部扩大自己的影响力。

学校里的社团其实也存在着一定的鄙视链，站在这条鄙视链顶端的，仍然是学生会、研究生会这样的官方组织。对于学生会及其他社团的干部，未来的就业以及深造往往有两个评价极端。

在就业市场上，招聘管理层岗位的用人单位会非常青睐有过学生会及其他社团的中高层干部职位经历的面试者，尤其是各大社团的主席，往往是管理岗位、体制内岗位招募者眼里的香饽饽，他们认为这类面试者具有非常强的社交能力和管理能力，适合管理岗位。而在考研、保研和科研类的岗位招聘当中，部分老师却不太喜欢招募学生社团的中高层干部，他们觉得这类同学思维太过活跃，重心不在科研上。

因此想在社团竞争中进一步谋求更高的职位，也需要和自己的未来规划相匹配。如果想要从事研究型的职业，社团经历不一定会给你加分，在简历上也可以弱化这一点。如果想要在公司中应聘管理类的岗位，或者进入体制内，学生社团工作通常是加分项，可以重点突出。

### 盲目考证，得不偿失

很多同学在大学非常热衷于考证，认为这可以提高自己的竞争力，于是在根本不参考自己未来规划的情况下，看见周围同学报考自己就报考，并认为拿到的各类证书越多，在就业市场上就会有越强的竞争力。这种理解完全是错误的，现实情况是，很多证书在求职和工作时都用不上。只要你能在面试的时候表现出相关的职业能力和素养，许多证书有和没有差别并不大。

大学生可以报考的证书种数高达100多种，调研结果表明有超过60%的同学会考与本专业无关的证书，也有很多同学因为盲目考证影响了自己的学业。要知道很多证书考试都是教育公司赚钱的途径，他们过度地宣扬证书的作用，制造焦虑，不是为了让你具备更高的就业能力，而是为了赚取你报考的费用。

以大家非常热衷考的几个证书来说：教师资格证，如果毕业后选择做老师则需要，但去教育行业做行政或者管理类的工作就不太需要；普通话等级考试，只要你说话吐字清晰，发音标准，交流顺畅，没有人会过度关心你是否考取了这个证书。而这个证书也只对教师、公务员等个别行业有一定参考价值，且证书需要达到二级甲等以上标准，否则没有太大意义；还有很多人为了去景区的时候享受打折门票，而考导游证；另外还有法律职业资格证书、证券从业资格证、CFA职业资格证等专业证书，对于不从事对应行业的人来说意义也不大。

相反，简历上如果有太多跨行业的证书，会给应聘者一种你对未来职业发展没有清晰规划的印象，所以在求职的时候展示一些和本工作相关的证书即可。求职最重要的是展现自己对于应聘岗位的专业性及适配度，而不是要展现你有多优秀。

**大学必考只有三个证**

考证不要盲目，你的时间和精力是最宝贵的。用考证的时间提高自己的专业课成绩，多去实习，明确自己的就业方向，再有意识地储备相应的证书，才能真正提高你的职场竞争力，而你的综合素质和能力比证书更有吸引力。

如果大学期间有哪些证书是一定要考的，我只会推荐3个：英语四级证书、英语六级证书以及驾驶证。这三个证书越早拿到越好，而其他证书一定要根据自己的就业规划，参考证书未来的使用场景再决定是否报考，切忌盲目跟风。

## 大学交友原则

**先做加法再做减法**

在大学，你应当学会的第一个交友原则是：**三观不同，也要彼此尊重，求同存异**，这也是收获好人缘的第一步。

大学交朋友就像一个浪淘沙的过程，先做加法，广结善缘，再做减法，留下真心的朋友。入学前，可以进行前置社交，在新生群里主动找人聊聊天，在论坛上向同学院或同系的学长学姐打探学校的情况和上大学的经验，还可以准备一些特产带给室友和新认识的朋友。

还有一个收获好人缘的方式是学会真心欣赏和夸赞别人。所有人都喜欢听赞美的话，要善于发现别人身上的优点和近期的改变，真诚的赞美能拉近你们彼此的距离。同时，也要学会求助，富兰克林曾说过："如果你想交一个朋友，那就请他帮你一个忙。"由此可见，互帮互助能增进彼此的友谊。

你需要知道，**朋友是朋友，室友是室友**。绝大多数人最好的大学朋友都不是自己的室友，距离产生美不无道理。

室友之间最容易引发的问题总是和权、责、利相关，例如公共空间的使用、起床与休息的时间、谁来打扫卫生等。你不需要迎合任何人，但是一定需要和室友们共同制定规则，避免矛盾和冲突。如果你不幸遇到了"他醒着全世界都得醒，他睡了全世界都得睡"的非常自我的室友，你应当和宿舍其他同学一起纠正他，如果发现整个宿舍的学习氛围特别糟糕，室友之间小团体现象严重，你可以选择更换宿舍。对于难以调和的矛盾，可以提前告诉宿管老师和辅导员，千万不要等到大打出手再离开，保留一丝尊严对彼此都好。

**团结好人能成事，团结小人不坏事**

我有一个人缘非常好的闺密，和别人相处不来的人都愿意和她相处。她就像是一个系里的结构洞，是所有秘密的汇聚地，因为谁都愿意找她倾诉。她曾和我说过，她的交友心得是"团结好人能成事，团结小人不坏事"，这也是她本科学校的党委书记在大四毕业时赠予他们的。

起初听到这句话的时候，我非常不理解，也不赞同。我觉得做人要光明磊落，爱憎分明，喜欢就是喜欢，不喜欢你就远离你。在明知对方是小人的情况下，还要去团结他，这是我完全做不到的事情。结果现在因为工作，我突然理解了这句话的意思。

团结好人能成事，想必大家都知道，就是把有才能和善良的人团结在一起，大家能一起成就大事。

团结小人不坏事，这个"团结"并非真正的团结，而是用包容的心态和友善的态度去对待小人，尽量不要与之产生矛盾和冲突，保护自己以及周围的人不受到他们的伤害，从而降低坏事的风险。

## 脱颖而出必须锻炼的 6 种能力

在大学校园里，你会发现一些把优秀写在脸上的风云人物。他们的家境不一定很好，在学生会里也不一定有多么鹤立鸡群，但他们总能用非常短的时间让我们觉得这个人好厉害，这个人就是不一样。这类同学往往有以下几个能力特点。

### 自我意识觉醒的能力

大学里优秀的学生自我意识觉醒得很早，他们的觉醒通常体现在两个方面。

**第一，有很强的目标感，清楚地知道自己要什么，并且每天都在围绕目标努力。** 计划出国的早早开始准备雅思、托福，计划找工作的经常参加社会实践和实习，所有行动都有原因和方向。

在北京交大读书时，我们上一级理科实验班第一名的学长目标是出国，所以从大一开始，很多课程他都买了英文版的教材和参考书，大三就直接去了美国伊利诺伊大学读计算机专业。所以，你一定要前置思考，及早确定方向，毕业后是直接工作还是继续深造。没目标或欲望太多，就容易变成无头苍蝇。

**第二，不在意外界评价。**大学是个小社会，你的言行也许会成为别人茶余饭后的谈资。当你清楚地知道自己未来的方向，但是被所谓的"不合群、太独特"等言论包围时，不必太在意，更不要影响自己的心情。因为你无法管住别人的嘴，但是只要你不在意，别人的言论就无法伤害你。有时也不乏有人为了影响你，故意释放对你不好的言论，如果在意反而正中别人下怀。

## 理性做决策的能力

很多同学觉得一定存在某种外界的神秘力量在决定着自己的命运，所以很相信星座、塔罗牌、因果轮回或者是生辰八字。社会心理学家罗伯特·默顿提出了"自我实现预言"的现象，即个人的信念能使自己的预期成真。

高景轩在《自我实现的预言》一书中写道："'假想'可以弄假成真，'预期'能够促成现实，'精神作用'会转化为物质能量。人生祸福沉浮不是命中注定，而是自我实现的结果。"也就是说，所谓星座甚至是轮回，也许是因你相信，所以才被你实现。

面对生活中的大小事，我们会做很多选择，这些选择的结果实实在在地影响着你的人生轨迹。科学统计，每个人一天平均要做35000次选择，小到从哪个角度掀开被子，晚餐吃泡面还是沙拉，看剧还是看书，学习还是打游戏，大到选择毕业后是工作还是深造等，不论哪种选择都在影响着你的命运。

大学里非常优秀的同学大都有很强的理性决策能力，对待学习和生活中的每一次选择都很认真。所以，除了每周、每月看自己的星座运势之外，也要学会计划未来一周有什么事情，学会理性决策。

## 化解消极情绪的能力

在北大读博期间，我担任了光华学院的新生辅导员。新生入学不到半年，班上陆续有四五位同学因为学习和生活问题陷入了抑郁的情绪。

曾有一位同学因为心理压力过大找我聊天，她告诉我，进入学校之后觉得自己的学习能力比不上其他同学，尤其是学高数，不论怎么努力还是不如别人，同时眼泪大颗大颗地掉。我看着非常心疼，宽慰她说："你已经很优秀了，不必把同学当作自己的参照物。如果发现有差距，第一阶段应该着眼于自己，而不要一直盯着和同学的差距，让自己越来越焦虑。"后来我和她分享了我大学时期几次失败的经历，以及调整情绪的方法，她的情绪才稍微缓和。

在大学的学习和生活中，大家难免会遇到糟心的事情，难免会因为同辈压力或者竞争让自己喘不过气来。心理健康非常重要，所以大家需要去训练化解消极情绪的能力，觉得太过难受一定要告诉朋友、家长和老师。很多大学都有心理咨询室，有需要的时候一定要去看看。

我也比较情绪化，一旦产生负面情绪后，一定会找个无人的角落哭一会儿，释放自己的情绪，再尽快调整自己。我最常用的调整情绪的方式是"运动＋睡觉"套餐。

有了负面情绪，想让自己平复下来，可以通过适当的运动，消耗多余的精力。同时，运动让大脑产生内啡肽，带来止痛的效果和快乐的感觉。最好选择在白天运动，阳光促进维生素D的合成，有助于活跃神经递质，使人心情愉悦。多一些光照，抑郁症的发病概率也会减少。

运动后，看个喜剧片，再好好睡一觉，通过睡眠让大脑趋于平静。等身体的各项激素逐渐恢复正常，就不会产生心慌、腹痛等由负面情绪引起的生理反应。如果睡不着，可以听听阿尔法脑电波的音乐平复一下，再入睡。

我上大学的时候，跟初恋谈了不到两个月就被分手了，当时觉得很难过，但我又不好意思在宿舍哭，就自己去操场跑了几圈，跑完回宿舍蒙头睡了一觉，起来之后就觉得好了很多。所以大家情绪不好的时候，也可以试一试"运动+睡觉"套餐。

## 语言表达能力

很多时候学习项目和工作汇报都需要当众展示。有的人学习或工作能力只有 70 分，但靠一张嘴能达到 100 分的效果；而有的人学习或工作能力有 100 分，但表达能力不行，只能展现出 60 分的效果。

所以语言表达能力真的非常重要，不论是在大学里，还是进入社会后，能力都需要语言的加持表现出来。我是通过以赛促学的方式来锻炼语言表达能力，通过报名参加各类演讲比赛来训练自己的。因为大学学习和生活繁忙，如果不参加比赛，把比赛排在自己的计划表里，锻炼语言表达能力就容易被其他事情挤下去。所以我一般会先报名，再按照比赛要求，系统准备演讲主题、写演讲稿、看优秀演讲案例、对镜模仿、打磨肢体语言，再登台比赛。每个环节都认真对待，所以每参加一次，我的表达能力就能获得一定的进步。

提升语言表达能力的关键在于训练自己的思维。因此在增加知识输入，多看书的同时还需要多分析、多联想。好的表达并不一定需要引经据典，如果你的认知水平和思维达到了一定的高度，你说出的话会很容易获得别人的认可，因为你总结出了他们可以感受到却未能认知的逻辑。

想要提升表达能力更需要注意语言的逻辑性。总分总其实是最简单、最常用、效果非常好的方式。例如，针对这个问题，我的观点是……（总）；得到这个观点主要有以下3个原因 1……2……3……（分）；所以我认为……（总）。

另外，PREP沟通法则在辩论及商务场合中也很常用：

先讲结论P(Point)；再说理由R(Reason)；再举实例E(Example)；最后重复结论P(Point)。

你想要老板给你加薪，你就可以说："老板，您看今年我的薪水是否可以上涨一些（P）？我进入公司已经3年了，年终考评也是连续3年进入了前3名（R），我听说绩效考核前3名都有加薪的机会（E），您看我的薪水是否也可以适当增加呢（P）？"

还有一种沟通的逻辑是DPE法则，它可以让你的表达更具趣味性：

先描述事件D（Describe）；再讲结论P（Point）；最后解释说明E（Explain）。

例如，"我今天出门的时候远远看到草坪上有很多白色的一团团的栀子花，很好奇冬天为什么会有栀子花，于是很开心地跑了过去（D）。结果那花居然是别人用过的扔在草坪上的卫生纸（P）！我没戴眼镜，眼里的世界都是美丽的，垃圾也成了风景（E）"。

此外还有一些训练技巧，例如对镜练习，调整表情和仪态；多写日记，训练自己的文笔和表达；躺下大声朗读，训练腹式呼吸；等等。

## 理性拒绝能力

如果想要在学习和生活中拥有更强的自主意识，就需要树立自己的原则和边界感。

不要害怕拒绝别人，当别人向你提出请求时，不要下意识回复"好的"，而是回复"知道了，稍等我思考一下"。接下来从以下三个维度来考虑：

- 这件事我是不是真的愿意做；
- 做这件事对我是否有价值；
- 对方的处境是不是到了非我做不可的程度。

不要因为害怕破坏关系就不拒绝，真正的朋友不会因为你的拒绝而消失。反而，你可以通过合理的拒绝去识别把你当作工具人的"朋友"。

在任何时候，会说话都是一门艺术，拒绝别人的时候，需要用温和的态度，坚定地表达自己的观点，同时让别人感受到自己并非拒绝。

拒绝的时候可以采用 ARS 法则：

- 先表示遗憾和抱歉 A（Apologize）；
- 说明拒绝的原因 R（Reason）；
- 最后提出自己的建议 S（Suggestion）。

例如，有的人明明自己有时间，还要让你帮忙送文件，你就可以说："不好意思，我这次不能帮你送文件了（A），因为我今天要提交一个很重要的报告，没时间出门（R），我觉得你可以叫个闪送，大概1小时就到了（S）。"这样的拒绝既明确表达了自己的想法，又得体地给出了相应的解决方案。

健康的社交关系不需要迎合和妥协，我们需要尊重自己内心的想法和真实感受，做自己想做的且合理的决定。记住，真正欣赏你的人，欣赏的永远是你真实的样子，而不是你故作谦卑讨喜的样子。

## 高质量独处能力

交朋友是个浪淘沙的过程，如果你没发现能让你交心的朋友，或者适合自己的团体，也不必过分迎合别人。有时候独处比合群舒服，学会享受孤独，学会在独处中成长，也是一种非常重要的能力。

在小学和初中阶段，我陷入了没有朋友陪伴就不好意思去食堂吃饭的怪圈，很怕没有人跟我说话，甚至去卫生间也要叫朋友。落单的时候，我非常在意别人的眼光，怕别人觉得我没朋友。高中开始，因为学习繁忙又遭遇校园暴力，我索性就独来独往了。没想到的是，在这段时间，我的成绩居然提高了不少，意外尝到了独处的甜头。

首先，我们要正确认识独处。独处不一定是孤独寂寞的，而是精神集中在自己身上的一种状态。为了实现高质量的独处，我一般会做以下几件事情，大家可以参考。

### 自省

要成长，自省非常必要，而独处是非常好的自省时间。自省可以从三个方面展开：复盘目标、复盘过程（to do list）和复盘情绪。在复盘目标阶段，我会跟进目标的达成情况，思考哪些地方需要进一步调整，不断强化自己的目标感。一个人只有清楚自己未来想要什么，才能朝着自己的目标去努力。

在复盘过程阶段，主要跟进每天的 to do list 达成率，复盘自己的时间安排，以及是否在娱乐方面耗费了太多时间。情绪是非常重要的，稻盛和夫说他会经常问问自己，最近这段时间开不开心，如果答案是不开心，那就意味着生活中一定有需要调整的地方。

### 阅读

阅读是和优秀的人对话的一种途径，不仅能帮助我们排解苦闷，还能提高我们的认知水平。除了购买纸质书和电子书之外，有声书也可以让你在洗漱、做饭、打扫卫生的时候利用好碎片时间。

### 看经典电影

看好电影就像读好书一样，可以增加生命的厚度。你可以跟着豆瓣 TOP250 经典电影清单一部部看，跟着主人公体验一次他的人生。

一个人的时候，可以看看《楚门的世界》《美丽人生》《海上钢琴师》，你就会发现哪怕生活欺骗了你，也依旧可以用乐观的态度，做自己喜欢的事。

**自我挑战**

如果独处的时间比较多，可以全身心投入对自己成长有价值，但是却比较难的事情。例如准备一场考试，学习新的技能，或者开始一场个人旅行。我以前经常自己一个人在国内外旅行，独自旅行是人生的宝贵经历，但要记得注意安全。

时间很宝贵，独处时间尤其珍贵。越长大，你可以支配的独处时间越少，所以要学会享受独处时光，与自己对话。

# 再冲刺，名校保研技巧总结

总体来说，我的保研经历比较顺利。大三上学期结束时，我发现自己专业排名与综合排名都是第一。当时也没有太多保研经验，不知道海投，只申请了清华和北大的夏令营。在拿到了两个学校的入营资格后，专业排名第二的同学找我协商，他想去清华，我比较想去北大，清北的夏令营时间也有部分重合，所以后来我只参加了北大的夏令营。

一共有 30 位各高校同学入营，最终发放 10 份录取通知书。经过紧张的笔试、面试，我顺利拿到了北大光华管理学院的录取通知书，从大三暑假开始过起了大家口中的幸福"保研猪"生活。

## 成功保研 = 本校推免资格 + 对方学校接收资格

保研全称"推荐优秀应届本科毕业生免试攻读硕士学位研究生"，

保研生也叫推免生。成功保研需要有两个步骤，一是获得本校的推免资格，二是获得对方学校的接收资格，所以有两个指标非常关键：本校的保研出线指标和对方学校录取标准。

保研是一场持久战，从大一开始到大三结束，除了专业成绩之外还需要有竞赛、社团和科研等经历。前三年最重要的，是通过自己不懈的努力获得本校的推免资格，然后在大三下学期的 6 月至大四上学期的 10 月，进入保研的冲刺阶段。

# 保研计划安排

## 大一
- 专业成绩
- 确定方向——决定是否要保研
- 了解学校保研出线要求
  - 保研排名计算
  - 保研出线资格
  - 保研重要竞赛
  - 过往保研情况
  - 成功保研的学长、学姐
- 完成保研指标里较消耗时间的项目
  - 社会实践
  - 社团活动
- 完成大学英语四级考试

## 大二
- 专业成绩重点提升期
- 学术科研竞赛（eg.大创、建模、论文比赛……）
- 锁定心仪保研学校2~3所（大二下）
- 了解当年心仪学校保研要求及流程（大二下）

## 大三
- 稳住成绩
- 按照保研出线及对方学校要求补齐自身短板
- 准备保研文书资料、论文资料
- 整理、学习参加保研夏令营的各环节资料
- 准备自我介绍、展示论文等

## 关键点
- 英语成绩
- 表达能力
- 学会"套磁"

227

## 大学四年保研准备重点

大一：重视成绩，考完英语四级，完成推免要求指标里比较耗时间的项目，比如社会实践、社团活动等，并开始了解一些科研竞赛。**明确本院本专业的保研出线资格，保研名额数量，以及获得出线资格的准备工作。** 推免生资格一般是由"学习成绩+科研项目+竞赛奖项+社会实践+其他"构成的，不同学校、不同项目的权重要求不同。你需要和学校的教务老师，尤其是相关负责老师确认，掌握重要信息，可以参考以下问题：

"老师您好，能介绍一下我们学校××专业推免生的情况吗？"

"保研成绩是怎么计算的呢？"

"排名百分之几的人能获得本校的推免资格呢？"

"保研看重哪些加分或者竞赛呢？"

"我们专业的师兄师姐通常会保送到哪些学校呢？"

"能不能给我引荐一位保研到××（你心仪学校）的学长学姐呢？"

大二：进一步提高自己的专业成绩，考完英语六级（分数不要低），参加一些大创、挑战杯等科研和学术比赛，提升综合能力。锁定 2～3 所心仪院校，通过分析今年该校公布的保研流程及录取情况，了解这所学校的录取要求。联系本校成功保研到该学校的学长学姐，咨询学校保研流程和考核指标，比如笔试都考了什么，面试是什么形式，是否要讲论文，自我介绍要求用中文还是英文等。

大三：稳住成绩，提升科研水平，补齐出线资格和对方学校要求的短板。我当时就是发现自己的成绩虽然是第一，但是没有拿得出手的竞赛奖项，所以在大三参加了一些科研类的竞赛，拿了一些奖项，又加入了老师的研究生课题组，每周参加学术研讨，提高自己的学术素养。大三下学期开始，我便关注心仪学校保研通告，准备文书，准备和参加保研夏令营。

保研正式流程的开始时间是**大三下学期的 6 月至大四上学期的 10 月，主要包括 6 ~ 7 月的夏令营、9 月的预推免、10 月的正式推免。**三次推免机会中，竞争最激烈、机会最多的是 6 ~ 7 月各学校的夏令营。很多同学能在夏令营时收获多所学校的录取通知书；9 月的预推免是保研能力中等的同学收获录取通知书的好机会，10 月的正式推免一般是捡漏环节。大家要把保研重心放在 6 ~ 9 月，最好能争取在夏令营中拿到心仪学校的录取通知书。

## 保研流程

**申请材料**

全国各大高校的推免申请材料以官网发布的要求为准，但是通常会包含以下材料：

- 申请表
- 个人简历
- 个人陈述
- 推荐信
- 本科成绩单及排名证明
- 英语水平证明材料（四、六级考试成绩单或雅思、托福分数）
- 各类荣誉证书
- 体现自身学术水平和创新能力的材料（论文、出版物、专利或原创性工作成果等）

**保研夏令营筛选流程**

夏令营通常会持续几天时间，北大光华学院的夏令营内容主要是听系里老师以及师兄师姐的讲座分享。老师会聊与自己研究方向相关的议题，师兄师姐会分享读博生活的点滴，从而让你知道，如果拿到录取通知书，未来的生活和学习会如何。现在回想起来，颇有校园招聘宣讲会的感觉。

在夏令营期间，你可以多和老师进行互动交流。参加夏令营前如果有时间，也可以研读系里教授的代表作。另外，要学会高质量地回答问题。回答的问题不见得越多越好，因为大家都在争先恐后地表现。而你回答的质量越高越好，加深老师对你的印象，获得初步的好感，对面试很有利。

### 夏令营笔试

不同学校的笔试形式和内容都不同，参加夏令营前一定要咨询上一次参加过该系夏令营的师兄师姐，也可以通过论坛和公众号搜集相关资料。

我们当时一个系有三个研究方向，虽然在同一个教室里笔试，但是同学们做的是三套完全不同的试卷。有的考数学，有的考论文分析。除了形式之外，因为出题全靠对方学校的老师，也可能遇到很多开放式题目，所以也只能围绕着自己要申请的专业知识去准备。

### 夏令营面试

各个学校的面试形式也各不相同。北大夏令营是一对多面试，学生单独进去，面对系里的所有考官；还有的学校是群面，通过无领导小组讨论或者辩论赛等形式，针对话题展开讨论，考查学生的专业素养和表达能力；也有的学校是一对一形式。

各大高校在面试时一定会有自我介绍的环节，时长控制在 1~3 分钟。所以，最好准备 1 分钟和 3 分钟的中英文自我介绍各 1 份，有备无患。

## 保研隐性关键点

·英语非常关键，六级成绩一定能考多高就考多高，因为有的学校会对英语成绩严格卡分。比如我的一个同学一直想去上海交大，但是当年上海交大夏令营的英语六级要求是 500 分以上，他差了 2 分。纵然整体排名专业前几，但是失去了递交材料的资格。

·重视表达能力的培养。保研面试和论文展示环节非常重要，因为紧张或者表达不流畅会影响老师们的判断。

·学会"套磁"。我有个同学大二通过邮件提前联系了某学校的老师，表明自己对该老师的研究方向感兴趣，大三就跟着老师做科研了，后来的保研也非常顺利。

核心竞争力最开始是有关企业管理的概念，是指能够为企业带来竞争优势的资源，以及资源的配置与整合方式。延展到个人，核心竞争力就是和其他人相比，个人在技能、知识、资源上的优势是什么。再简单点说就是"你和其他人相比，强在哪儿"。这也是在面试求职时，面试官非常喜欢问的问题。

寻找和打造自己的核心竞争力通常有两种方式：纵向延展单一核心竞争力和横向拓展组合竞争力。

单一核心竞争力适合在某方面非常有天赋，并且也热爱这种天赋的人。奥运冠军就是这类人的典型，他们往往在某一方面优于大部分人。

大家都知道，知识和技能的发展会遇到瓶颈期。某件事从 30 分做到 50 分不会特别难，但是要从 90 分做到 95 分，要付出的时间和精力就不是一个量级了。

所以，大部分人都不敢说自己有绝对优势，那么如何把相对来说没有绝对优势的技能发展为核心竞争力呢？

这就要讲到第二种方式：横向拓展，打造组合式核心竞争力。我看到过一个比喻，假设世界上有 100 种技能可以供大家选择，如果我们只掌握 1 种技能，就意味着每 100 个人中，会出现 1 个竞争者；如果我们掌握 2 种技能，100×99/2=4950，意味着每 4950 个人中，会出现 1 个竞争者；如果我们能掌握 3 种技能，100×99×98/6=161700，意味着每 16 万个人中，才会出现 1 个竞争者。

我有一个经济学专业的朋友，她的专业水平一般，喜欢写作，业余时间在网上坚持写了五六年的小说，但无人问津。毕业时去银行总行面试一直被拒，听到面试官的问题，"你认为自己的核心竞争力是什么？"她完全答不上来。她觉得当时的自己一无是处，情绪低落了很长一段时间。

但是在人人买基金的今天，她已经成为财经专栏作家！其实论财经专业水平，她只优于 60% 的人；论写作能力，可能也只优于 70% 的人。但是既懂财经知识，文笔又好的人，就太少了。两个不是绝对优势的技能相结合，让她找到了自己的组合竞争优势，成为作家里最懂基金的、懂基金的专家里文笔最好的。

## 人脉经验，如何常遇人生导师

"君子生非异也，善假于物也。"如果经常复盘，也许你会发现，某些人对你的点拨和帮助，对你影响非凡。或许让你豁然开朗，走出低谷，或许给你提供了某些资源和机会，从而改变了你的人生。

我们该如何正确听取他人意见，收获人生导师，助力自己的成长呢？

### 保持优良的品格

最近很多文章和视频都在讲做一个生性凉薄的人有多爽，或是做一个自我的人有多酷。这类说辞仿佛说出了大部分人的心声，因此被广泛传播，为人津津乐道。这种观念并非有错，但是所有事情都讲究"度"，为人太过凉薄，唇亡齿寒，凉了别人，早晚也会凉了自己。

善良、热情、真诚，这些被说了几千年的最质朴的品格，能让你收获更多的朋友，扩大交际圈。只有圈子大了，才能增加遇到人生导师的机会。同时善良、热情、真诚等优良品格也更容易让他人青睐。换位思考，如果是你，你是更愿意帮助生性凉薄的人还是热情善良的人？

另外，人生导师不一定是各方面都优秀的人，有些近况不如你的人也可能是你的人生导师。所以不要看到比自己优秀的人就抬头仰望，看到不如自己的人就趾高气扬，目中无人。

讲一个我自己的亲身经历。牛津大学的交流结束后，在回国的飞机上，我的旁边坐着一位衣着朴素、年过半百的叔叔。空乘用英语问他要吃什么，他听不太明白，我帮他点了餐。我力气不够大，他帮我拉开了卡住的小桌板。在飞机上我们聊天，他告诉我他是个音乐老师，这次是送孩子去剑桥大学参加夏令营，和我分享了自己的所见所闻，我也向他分享了我在牛津的见闻。下飞机前，他邀请我有机会去他的工作地点看看，于是加了微信。真的去参观时，我才知道他是这所艺术培训中心的老板。大四的时候，我去他们公司做了一段时间的管理咨询工作，接触了新媒体，也学习到了很多职场的经验，他也是我生命中的一个人生导师。

## 管理别人的预期

做一个靠谱且有担当的人，让人有信赖感。所谓靠谱就是答应别人的事情，就一定会做到。与此同时，更能让其他人对你刮目相看的是，把事情做到超出他的预期。如何做到超预期交付？例如，其他人交给你一件事，你说自己大概需要三天时间完成，然而实际上你知道自己两天就可以完成，第二天就可以提交自己的方案，不仅能让其他人感受到你的靠谱，更能有一种超预期的感受。

## 适当展示自身价值

成年人的交往，很多时候都基于价值交换。尤其是在并不相熟，情感链接不强的时候。所以当你需要请求别人的帮助时，适当展示自身价值，会事半功倍。

展示自身价值有三种方式，第一是展现自身当前交换价值，用谦逊的态度介绍自己的优势、拥有的资源，然后再请求帮助。比如："我想请您帮我一个忙，我准备申请某个基金，可否请您帮我写一封推荐信？我看您现在也需要人帮忙整理论文数据，我暑假有时间，可以加入您的项目组帮您完成这项工作。"

如果没有发现对方的需求或者没有交换价值，还有第二种方式，就是展示自身的潜在价值或者"装修"自己的朋友圈，展示出积极上进的感觉。每个人都喜欢和优秀的人接触以及帮助优秀的人，展现自己优秀的能力和品质就是体现你的潜在价值。

最后一种方式是提供情绪价值。如果你没有可以交换的价值，也暂时无法体现自身的潜在价值，你可以选择请对方吃吃饭，聊聊天，让对方感觉到舒服和开心，对方也会很愿意帮助你。

### 由举手之劳建立情感链接

在人际交往过程中，与你有弱链接的人更可能是你的人生导师。在双方不熟悉，没有太多情感链接的情况下，你可以请对方帮你一个小忙，增进彼此的了解。同时，要清晰地表达自己的诉求。富兰克林效应表明：相比你帮助过的人，那些帮助过你的人更愿意再次帮助你。

### 心存感恩，互帮互助

有人帮你，是你的幸运；无人帮你，是公正的命运。

请求帮助被拒绝是非常正常的事情，千万不要心生怨恨。对于别人的帮助，一定要心存感恩，保持联系。真心的感恩不是虚假的交际，要记得回馈，不要一味索取。如果有能帮助他们的机会，也要尽力帮助。要知道，帮过你的人，会因为你的感恩之情继续帮助你；没有帮助过你的人，也会看到你对别人的感恩之情而愿意帮助你。

## 不自卑，成为一个遇强越强的人

遇强则强所带来的正反馈，很多时候是成为一个终生学习者不可或缺的精神支持。生活很苦，挑战很多，付出能有回响，前行才有希望。一次和好友聊天，她偶然说起和我做朋友是因为觉得我身上有一股遇强则强的韧劲。

我们都希望自己在遇到强者的时候能够不自卑、不怯弱，任何时候都具备从头再来的勇气，即使最初是一株小草，也能逐渐成长为参天大树。如果你想要做到这一点，可以参考以下建议。

### 遇强不嫉妒，不自卑

在成长的过程中，你一定会遇到比你优秀的人。面对强者，你的第一感觉是什么？是嫉妒、自卑、不屑，还是羡慕或者向往？面对强者，你有哪些行为？是远离、诋毁，还是靠近或者仰望？你面对强者的态度就能决定你是否能够遇强则强。

因嫉妒、自卑而远离甚至诋毁比你优秀的人，只会让你永远陷在自我保护的襁褓中，无法进步。相反，面对强者有欣赏和包容的眼光，客观评价自己当前的能力，努力学习，向对方靠近的人，才能遇强则强。"近朱者赤，近墨者黑"是非常朴素的真理。

对于嫉妒这一情绪，我们需要客观看待。心理学研究表明，嫉妒其实是一种非常正常且重要的情绪，是人类天性的一部分，甚至连6个月的婴儿看到妈妈抱着玩偶都会产生嫉妒的情绪。嫉妒可以让你看清你到底想要什么，如果你想遇强则强，想从一株小草变成参天大树，嫉妒就是你必须化解和善用的情绪。

小时候成绩不好，面对比自己成绩好的同学，我会觉得自卑和嫉妒，于是刻意远离他们。为了寻求心理上的自我保护而挖掘他们的缺点，同时给自己找各种各样客观的理由，比如我成绩不好，是因为我不想学，我要是认真学习，肯定比他们考得好。

上初中之后，我认识了一个非常好的朋友。她学习自律，做事认真。我试着放下自卑和她相处，我们一起学习，一起写作业。慢慢地，我发现她的优点也出现在了我的身上，我也开始变得自律、认真。

"Show me your friends, I will show you your future."面对强者，

不要自卑和怯弱，向他们靠近，慢慢地你身上会有他们的影子。

## 从强者身上吸收养分

从小草长成参天大树，一定需要吸收养分。养分从哪里来？最直接和高效的方式是从周围比你强的人身上吸取。你可以把嫉妒转变为学习的渴望和前行的动力，努力地向周围优秀的人靠近。甚至很多时候，你并不需要和他成为朋友，哪怕只是静静地观察，强者如何处理一件事情，如何面对眼前的困难，如何处理人际关系等问题，都相当于上了一堂生动的课。

向强者看齐，也可以通过积极请教的方式，但是请教需要一定的技巧。

首先，大方地表达你的赞赏和肯定。例如："我觉得在这个领域你好厉害""我真的很羡慕你能够在这件事情上取得成功"。

其次，礼貌提问。根据你的个人情况和你想要了解的领域向他们提出相应的问题。例如："我也在做算法的研究，有个问题一直都搞不明白，您怎么看呢？"

最后，表示感谢。不论对方是否解答，是否解决了你的问题，真诚地表达感谢也容易拉近你们之间的距离。上学时，学校里来了一位新的外教老师，我希望他能对我的发音指点两句，但他还要备课，就拒绝了我，并且态度不太好。我还是真诚地表达了谢意，并告诉他学校每周三会有英语角活动，如果他想了解学生的英语口语水平，可以去看看。听完我的回答，他马上就停下了手里的工作，并且让我下次和他一起去，到时候指点我的发音问题。

很多人可能会有疑问，比我强的人为什么会愿意回答我的问题，在我身上浪费时间呢？我建议你先去尝试一下，在开始前不需要过度放大这件事情的难度，也请你相信，能够成为强者的大部分人都比较温暖，只要方法得当，他们会愿意为你答疑解惑。

《巨人的方法》（Tribe of Mentors: Short Life Advice from the Best in the World）一书的作者蒂姆·费里斯（Tim Ferriss）在40岁的时候失去了人生目标，为了突破自己的瓶颈，便想向各个行业的杰出人士寻求建议。他在纸上列出11个问题，其中包括"你最常当作礼物送给他人的三本书是什么？""你做过的最有价值的投资是什么？""长久以来坚持的人生准则是什么？"等，同时列出了他想要咨询的导师，其中包括Ted的创始人克里斯·安德森（Chris Anderson）、主持人拉里·金（Larry King）、《人类简史》（Sapiens: Brief History of Humankind）的作者尤瓦尔·赫拉利（Yuval Noah Harari）等人。每一位精英他都素未谋面，对方也完全不认识他。他也是通过发邮件这种最为传统的方式，将自己的问题发给了 300 多位行业精英。本来觉得大多数人都不会理他，但最后，300 多名杰出的精英里，有将近一半的人认真回答了这些问题。他把这些回答编撰成《巨人的方法》，成了畅销书作家，走出了人生瓶颈。

希望这个例子能给你些许勇气，主动向强者靠近。

## 除了抬头仰望也要低头学习

除了向强者看齐之外，还有"三人行必有我师"。

环顾四周，你周围任何人的身上都有独特的闪光点。如果你能更平和、更包容，更能发现他人身上的优点，你就能不断提升自己，不仅能遇强则强，遇弱也可以越强。

## 世事洞明皆学问

不要忘记留心身边各类信息渠道。我的主要业务面向海外，经常需要用 Zoom 和国外的客户进行沟通，会议结束的时候，我常用 "Thank you for your time." 作为结束，但又觉得不够专业。现在我把国际会议的结束语修改成 "Your support and cooperation is greatly appreciated."这句话不是我通过词典或图书查来的，而是我坐飞机的时候在机舱广播里听到的。

其实生活当中很多随处可见的信息载体都可以作为学习素材，比如广告、短视频、歌曲、杂志、广播等。只要你留心，生活处处是课堂。

## 人情练达即文章

生活是最好的老师，社会是最大的课堂。同样一件事情，不同的人去做，可能会得到不一样的结果。

人与人相处的细节能折射很多社会现象。每当我遇到比自己优秀的人，或者发现别人身上的闪光点，我都很开心，就好像发现了一门好课，找到了一位好老师。

博士毕业进入社会工作的第一年是我成长最快的一年，也是经历挫折和痛苦最多的一年。刚进公司时我就遭遇了被误会，甚至是被诬陷等一系列问题。我曾经一度非常无力，直到后来我发现，我的问题其实是职场中常见的问题。

我通过人才计划进入公司，同期同事几乎都毕业于 TOP 大学，且很多同事都曾在校学生会担任过学生会主席。在校时，我一直觉得学生会这样的社团组织人际关系过于复杂，利益纠纷过于频繁，我不会处理，也不想过多参与，所以在本科和研究生阶段我都只做到了部长，没有继续寻求更高的职位。然而在职场里，我的人际交往能力、组织能力、领导能力、对人情世故的感知能力，和世故老练的他们相比，就像小学生遇到了研究生。没有在学校里通过学生组织学习如何解决这类问题，工作后我也需要补上这一课。

当时，我去咨询了公司的某位领导，询问他类似的问题应该怎样处理。他说他刚进公司的时候就被老员工质疑能力，但是他从未放在心上，不懂就去学。真诚是把刀，无论别人如何诋毁你，你只要保证最真诚的态度，最后你就会无坚不摧。听完这番话，不懂权谋和人性的我最后选择了用保持自我，保持中立，选择用真诚的方式来应对类似的问题。被质疑，就用行动回复；被诬陷，自证清白就好。这样坚持了半年后，各种各样的谣言就渐渐消散了。

如果想遇强则强，还要学会留心细节。很多时候，观察优秀的人如何处理问题，你就能直观地感受到自己和他们的差别，找到他们强大的秘密。

我的人际交往能力不强，所以会留心观察其他人的相处之道。我们公司人际交往能力最强的一位领导能做到让几乎所有遇到他的人都喜欢他，并在相处过程中感觉非常舒服。于是我留心他是怎么做到这一点的，发现他非常乐意帮助别人，经常挂在嘴边的一句话就是："**做人做事一**

定要有闭环思维，帮助自己最好的方式是先帮助别人。"

后来我在工作上帮了他一个忙，他请我去家里吃饭。进门换鞋之后，他会当即把原来的鞋子归位，泡完茶，他会马上把桌上的茶包、茶渍和垃圾都收到垃圾桶里。那一瞬间我突然明白了什么是真正有闭环思维的人，闭环思维其实就是从一开始就要思考一件事如何结束，如何才算完成。我帮了他，所以即便我是下属，他也会以表示感谢来作为事情的结束。整理鞋子和收拾茶包两个简单的动作其实也是入门和泡茶这两件事情的结尾，而这是我在生活当中没有做到的。

延展到与人沟通，如果有闭环思维，就可以从第一句话开始，先设想对方的反应，前置地思考此次沟通要达到什么目标，最后如何结束。保持这样的思维，不论是日常交流还是公司谈判，都更容易掌控沟通的效果。

## 好友提供自省新视角

当我遇到困惑的事情时，我很愿意去跟朋友沟通。当他们遇到困难的时候，我也很愿意帮他们分析，互相宽慰，彼此助力。这样的交流不仅能增进友谊，还会让人更加清醒。所以不论在人生任何阶段，都需要有两三好友，彼此支持，这是人生非常宝贵的财富。

举一个我被朋友骂醒的例子。我有一个创业的朋友，年纪与我相仿，3年时间，团队人数过百名，身家过亿。而我刚进入社会，不太适应，又因为我负责新的业务板块，事情比较多，经常加班，工作到凌晨是常事。而且我回家还要录视频，周末也要参加一些活动，导致那段时间我的身体非常差，精神压力非常大，整个人非常暴躁。

我知道我的朋友也是个工作狂，所以就跟她抱怨，并询问她是如何平衡工作和生活的。打电话时她正在机场候机，听完我的事情，她很平静地说："你知道吗？现在是晚上11点了，我等下还要在飞机上准备材料，估计3点多才能睡，明天早上8点要起床化妆，9点开会。我已经连续一个月连轴转，没睡过超过6个小时的觉。你问我怎么平衡工作和生活，我不用平衡，我的工作就是生活，生活就是工作。所以你别矫情了，不想干，大不了不干，明天就辞职，或者不再做自媒体。如果要继续做，又给自己找这么多情绪问题，只会让自己压力越来越大。不开心就不干，想干就开心干，就这么简单。"

整个通话时长没有超过10分钟，但是我如释重负。正如她所言，其实任何时候我都是有选择的，不开心可以不干，既然是我自己选择要做，为什么要不开心地做呢？

当你迷茫的时候，朋友可以从客观角度看待你正在经历的事情，给你提出建议，朋友也可以是你的好老师。

我虽然是博士，但我想要告诉大家高学历并不代表高能力，社会是最大的学校，周围的人都可以是你的老师。你要做的就是像在大学选课一样，去筛选，去学习，去提升。这样不管是进入哪种环境，你都可以像海绵一样不断吸收别人身上的优点和长处，壮大自己。当你长成一棵大树后，遇到像曾经的你一样的后辈，也要记得为他遮一遮风雨，给他一些成长的养分。